古典文獻研究輯刊

三九編

潘美月・杜潔祥 主編

第24冊

鄭汝諧《論語意原》、陳士元《論語類考》點校（上）

鍾雲瑞、李樂 著

國家圖書館出版品預行編目資料

鄭汝諧《論語意原》、陳士元《論語類考》點校（上）／鍾
雲瑞、李樂 著 -- 初版 -- 新北市：花木蘭文化事業有限公司，
2024〔民113〕
目 4+154 面；19×26 公分
（古典文獻研究輯刊 三九編；第 24 冊）
ISBN 978-626-344-944-2（精裝）
1.CST：（宋）鄭汝諧 2.CST：（明）陳士元 3.CST：論語意原
4.CST：論語類考 5.CST：注釋
011.08   113009816

ISBN-978-626-344-944-2

古典文獻研究輯刊
三九編 第二四冊   ISBN：978-626-344-944-2

鄭汝諧《論語意原》、陳士元《論語類考》點校（上）

作　　者 鍾雲瑞、李樂
主　　編 潘美月、杜潔祥
總 編 輯 杜潔祥
副總編輯 楊嘉樂
編輯主任 許郁翎
編　　輯 潘玟靜、蔡正宣　美術編輯 陳逸婷
出　　版 花木蘭文化事業有限公司
發 行 人 高小娟
聯絡地址 235 新北市中和區中安街七二號十三樓
　　　　 電話：02-2923-1455 ／傳真：02-2923-1452
網　　址 http://www.huamulan.tw 信箱 service@huamulans.com
印　　刷 普羅文化出版廣告事業
初　　版 2024 年 9 月
定　　價 三九編 65 冊（精裝）新台幣 175,000 元

鄭汝諧《論語意原》、陳士元《論語類考》點校（上）

鍾雲瑞、李樂　著

作者簡介

　　鍾雲瑞，男，1990 年生，山東壽光人。山東理工大學文學與新聞傳播學院副教授，碩士生導師，山東省高校青年創新團隊帶頭人。山東大學儒學高等研究院中國古典文獻學博士，師從許嘉璐先生、杜澤遜教授。主持國家社科基金項目、教育部人文社科青年項目、全國高校古委會項目。發表核心期刊論文五篇，出版專著一部，整理古籍十餘部。

　　李樂，女，2002 年生，山東泰安人。山東理工大學文學與新聞傳播學院碩士研究生，研究方向為中國古典文獻學。

提　　要

　　《論語意原》作為一部以義理見長的經學論著，在二程理學盛行的時代背景下獨闢蹊徑，承襲伊洛之學的義理思想，又斷以己意，復附以張載、楊時、謝良佐諸儒之說。鄭汝諧撰寫《論語意原》的目的在於揭示聖人之旨，抒發自己對於《論語》奧義要旨的領悟，因此該書重在研求《論語》本原之義。

　　《論語類考》專門考證《論語》的名物典故，分為天象、時令、封國、邑名、地域、田則、官職、人物、禮儀、樂制、兵法、宮室、飲食、車乘、冠服、器具、鳥獸、草木十八門類，各個門類之下又分別繫以子目，凡四百九十四。該書每條考釋必先列舊說，而搜輯諸書，互相參訂，詳加鑒別，凡是杜撰虛浮之說，皆為糾正。陳士元《論語類考》在廣泛搜羅、分門別類的基礎上，初步構建了《論語》的名物系統，並對其中的名物進行了詳細地考證，同時運用小學、史學等傳統知識，採用對校等傳統文獻學研究方法，秉持多聞闕疑的學術態度，在明代《論語》學研究、經學研究領域佔有一定的學術地位。

本書為山東省高等學校青年創新團隊
「出土文獻與中國早期文化研究創新團隊」
（編號：2022RW059）階段性成果

目次

論語意原

（宋）鄭汝諧　撰

鍾雲瑞　李樂　點校

論語意原卷一

宋 鄭 汝 諧 撰

學而第一

子曰學而時習之不亦說乎有朋自遠方來不亦樂乎

人不知而不慍不亦君子乎

此數語蓋孔門入道之要故以為首章古人之學必

有入處於所入處而用力焉是之謂習顏子之克己

曾子之三省皆習也習曰時習非曰無時不習也當

其可之謂時也譬之嬰孩其始無一能焉已而學言

欽定四庫全書

論語意原卷一

宋 鄭汝諧 撰

學而第一

子曰學而時習之不亦說乎有朋自遠方來不亦樂乎

人不知而不慍不亦君子乎

此數語蓋孔門入道之要故以為首章古人之學必

有入處於所入處而用力焉是之謂習顏子之克已

曾子之三省皆習也習曰時習非曰無時不習也當

其可之謂時也譬之嬰孩其始無一能焉已而學言

則能言也已而學步則能步也已而學揖遜學數與

方名又皆能也每進一等則一時也其進之之時豈

不大可說乎學者日知其所亡月無忘其所能其知

也其能也果何物哉皆習之而有得也所說在我非

外慕也在遠之朋何自而來耶一氣生春萬物潛動

水必流濕火必就燥志氣之合相與涵泳於太和之

清嘉慶海虞張海鵬墨海金壺本

論語意原卷一　墨海金壺　宋　鄭汝諧　撰

學而第一

子曰學而時習之不亦說乎有朋自遠方來不亦樂乎人不知而不慍不亦君子乎

此數語蓋孔門入道之要故以爲首章古人之學必有入處於所入處而用力焉是之謂習顏子之克己曾子之三省皆習也習曰時習非曰無時不習也當其可之謂時也譬之嬰孩其始無一能焉已而學言則能言也已而學步則能步也已而學揖遜學數與方名又皆能也每進一等則一時也已其進之之時豈不大可說乎學者日知其所亡

清道光二十一年金山錢氏守山閣
據借月山房彙鈔殘版重編增刻指海本

論語意原卷一　指海第三集　宋　鄭汝諧　撰

學而第一

子曰學而時習之不亦說乎有朋自遠方來不亦樂乎人不知而不慍不亦君子乎

此數語蓋孔門入道之要故以爲首章古人之學必有入處於所入處而用力焉是之謂習顏子之克己曾子之三省皆習也習曰時習非曰無時不習也當其可之謂時也譬之嬰孩其始無一能焉已而學言

王雲五商務印書館《叢書集成初編》
一九三七年據聚珍版叢書本排印本

論語意原卷一

宋 鄭汝諧撰

學而第一

子曰學而時習之不亦說乎有朋自遠方來不亦樂乎人不知而不慍不亦君子乎

此數語蓋孔門入道之要故以爲首章古人之學必有入處而用力焉是已竹子之三省皆習也習日時習非日無時不習也當其可之謂時也譬之嬰孩其始無一能焉已而學言則能言也已而學掊逓學數與方名又皆能也每進一等則一時也其進之時豈不大可說乎學者日知其所亡月無忘其所能其能也果何物哉智之而有得也所說在我非外慕也在遠之明何自而來耶一氣生萬物潛動水必流濕火必就燥志氣之合相與涵泳於太和之中其樂顧可量哉至此則舉天下之物不足易吾之樂人之知不知於我無分毫損益也猶之八珍之美惟食焉而後知味彼不我知者蓋未嘗食也以其未嘗食而慍其不知味豈理也哉三千之子所以依依於洙泗之上雖患難窮困不肯舍去者蓋深造此境熟知此味也

有子曰其爲人也孝弟而好犯上者鮮矣不好犯上而好作亂者未之有也

周衰之時天理絕滅視犯上作亂之事如蹈衽席然此其禍何自而生哉生於本心之亡也有子推本而言之曰使其孝弟烏能犯上苟不犯上烏能作亂傷之之辭也

一

整理說明

　　《論語意原》四卷，南宋鄭汝諧撰。

　　鄭汝諧，字舜舉，號東谷居士。處州青田縣城（今浙江青田）人。宋高宗紹興二十七年（1157）中進士。淳熙十二年（1185）累遷知信州（今江西上饒）。紹熙二年（1191），升任大理寺少卿。累升至吏部侍郎。鄭汝諧在當時具有聲名，精於經史，學識淵博，著有《東谷易翼傳》、《論語意原》等。

　　《論語意原》作為一部以義理見長的經學論著，在二程理學盛行的時代背景下獨闢蹊徑，承襲伊洛之學的義理思想，又斷以己意，復附以張載、楊時、謝良佐諸儒之說。是書重在研求《論語》本原之義，如解「學而時習之」，言：「此數語蓋孔門入道之要，故以為首章。古人之學必有入處，於所入處而用力焉，是之謂習。顏子之克己，曾子之三省，皆習也。習曰時習，非曰無時不習也，當其可之謂時也。」關於撰作該書的宗旨和意圖，鄭汝諧在序言中指出：「《論語》之書，釋者甚多，子復為之說，不亦贅乎？余曰：非贅也。聖人之言，溥博淵深，非若諸子可俄而測度也。漢、唐以來，鮮有識其旨者。」因此，鄭氏撰寫《論語意原》的目的在於揭示聖人之旨，抒發自己對於《論語》奧義要旨的領悟。關於該書的學術價值，《四庫全書總目》認為「然綜其大致，則精密者居多，故德秀稱其言雖異於先儒，而未嘗不合義理之正。」朱熹曾言：「贛州所刊《論語解》，乃是鄭舜舉侍郎著。中間略看，亦有好處。」雖然二人學說稍有牴牾之處，但朱子讚譽該書，足見是書有著獨特的學理價值。

　　關於《論語意原》的版本系統，徐夢瑤《宋鄭汝諧撰〈論語意原〉版本小考》有著精審的論述，可以參考。本次整理以清乾隆武英殿木活字印武英殿聚珍版書本（簡稱「武英殿本」）為底本，參校本為清乾隆文淵閣四庫全書本

（簡稱「文淵閣四庫本」）、清嘉慶海虞張海鵬墨海金壺本（簡稱「墨海金壺本」）、清道光二十一年金山錢氏守山閣據借月山房彙鈔殘版重編增刻指海本（簡稱「指海本」）、王雲五商務印書館《叢書集成初編》一九三七年據聚珍版叢書本排印本（簡稱「叢書集成初編本」）。限於學力，錯訛之處在所難免，懇請學界博雅君子批評指正。

鍾雲瑞

二〇二三年中秋前一日

御製題武英殿聚珍版十韻有序

　　校輯《永樂大典》內之散簡零編，並搜訪天下遺籍不下萬餘種，彙為《四庫全書》。擇人所罕覯，有裨世道人心，及足資考鏡者，剞劂流傳，嘉惠來學。第種類多，則付雕非易。董武英殿事金簡，以活字法為請，既不濫費棗梨，又不久淹歲月，用力省而程功速，至簡且捷。考昔沈括《筆談》記宋慶曆中有畢昇為活版，以膠泥燒成，而陸深《金臺紀聞》則云毗陵人初用鉛字，視版印尤巧便。斯皆活版之權輿。顧埏泥體粗，鎔鉛質軟，俱不及鋟木之工緻。茲刻單字計二十五萬餘，雖數百十種之書，悉可取給，而校讎之精，今更有勝於古所云者。第活字版之名不雅馴，因以聚珍名之，而系以詩。

　　稽古搜四庫，於今突五車。開鑴思壽世，積版或充閭。張帖唐院集，周文梁代餘。同為製活字，用以印全書。精越鶡冠體，昨歲江南所進之書有《鶡冠子》，即活字版，第字體不工，且多訛謬耳。富過鄴架儲。機圓省雕氏，功倍謝鈔胥。聯腋事堪例，埏泥法似疏。毀銅昔悔彼，康熙年間編纂《古今圖書集成》，刻銅字為活版，排印蔵工，貯之武英殿。歷年既久，銅字或被竊缺少，司事者懼干咎。適值乾隆初年，京師錢貴，遂請毀銅字供鑄。從之，所得有限，而所耗甚多，已為非計。且使銅字尚存，則今之印書不更事半功倍乎？深為惜之。刊木此慚予。既復羨梨棗，還教慎魯魚。成編示來學，嘉惠志符初。

　　乾隆甲午仲夏

武英殿本提要

臣等謹案：《論語意原》四卷，宋鄭汝諧撰。汝諧字舜舉，號東谷，〔註1〕處州人。陳振孫《書錄解題》云：「仕至吏部侍郎。」《浙江通志》云：「中教官科，遷知信州，召為考功郎，累階徽猷閣待制。」振孫去汝諧世近，疑《通志》誤也。是編前有自序稱：「二程、橫渠、楊、謝諸公互相發明，然後《論語》之義顯。謂諸公有功於《論語》則可，謂《論語》之義備見於諸公之書則不可。〔註2〕予於此書，少而誦，長而辨，研精覃思，以求其指歸。既斷以己說，復附以諸公之說，期歸於當而已。」又稱：「初鋟板於贛、於洪，始意欲以誘掖晚學，失之太詳，輒掇其簡要者，復鋟於池陽。」則汝諧此書凡再易稿，亦可謂刻意研求矣。《書錄解題》載《論語意原》一卷，不著撰人，《宋志》因之，似乎尚別有一書，適與同名。然振孫載《詩總聞》訛為三卷，亦云不知撰人。及核解題，則確為王質之書。疑所載者即汝諧此書，偶未考其名也。真德秀《序》稱其學出於伊、洛，然所說頗與朱子《集注》異。如以衛靈公問陳非不可對，乃有託而行；以子賤為人沈默簡重，非魯多君子，不能取其君子，皆足以備一解。至以「使民戰栗」為魯哀公之語，以「見善如不及」二節連下「齊景公」、「伯夷、叔齊」為一章，則太奇矣。然綜其大致，則精密者居多，故德秀稱其言雖異於先儒，而未嘗不合義理之正。朱子亦曰：「贛州所刊《論語解》，乃是鄭舜舉侍郎著。〔註3〕中間略看，亦有好處。」是朱子亦不以其異己為嫌矣。乾隆四十六年七月恭校上。

〔註1〕谷，文淵閣四庫本作「名」。
〔註2〕義，墨海金壺本、叢書集成初編本作「意」。
〔註3〕著，武英殿本、文淵閣四庫本作「者」，據墨海金壺本、叢書集成初編本改。

總纂官內閣學士臣紀昀
光祿寺卿臣陸錫熊
纂修官翰林院編修臣劉校之

論語意原原序

　　東谷鄭公之學，本於伊、洛諸君子，而沈潛玩繹，必求至於深造自得之地，《易》與《論語》皆其用力書也。德秀於《翼傳》，已序其篇末矣，至讀《意原》，則以己意而逆聖人之志，蓋多得之。於《八佾》篇，謂其傷權臣之僭竊，痛名分之紊亂，大指與《春秋》相表裏。於子賤章，謂其為人沈厚簡默，非魯多君子，不能取其為君子。於聞韶章，謂以揖遜之樂作於僭竊之國，聖人蓋傷之。於三仁章，謂微子之去為去王朝，而之國非歸周也。若是者不可殫書，其言雖若異於先儒，而未嘗不合於義理之正，有微顯闡幽之益，而無厭常求異之過。蓋信乎其自得也。前輩問學之不苟如此，可以為法矣。建安真德秀書。

論語意原自序

　　或問鄭子曰：《論語》之書，釋者甚多，子復為之說，不亦贅乎？余曰：非贅也。聖人之言，溥博淵深，非若諸子可俄而測度也。漢、唐以來，鮮有識其旨者。本朝二程、橫渠、楊、謝諸公，互相發明，然後此書之義顯。謂諸公有功於此書則可，謂此書之義備見於諸公之書則不可。何者？言有盡，旨無窮，譬之山海之藏，隨取而獲，取者雖夥，未見能竭其藏也。學者志於自得而已，徒取信於他人之得，不知反我心以求其得，是謂口耳之學，君子無取焉。余於此書，少而誦，長而辨，研精覃思，以求其指歸，積有年矣。日進月化，頗窺聖心之萬一。既繼以己說，復附以諸公之說。理之所在，不知其出於人也，出於己也，期歸於當而已。雖然，余豈敢自以為當哉？尚賴同志者有以教告之。東谷鄭汝諧序。

　　《論語意原》嘗鋟版於贛、於洪，始意欲以誘掖晚學，失之太詳，輒掇其簡要者，復鋟版於池陽。今之所見，稍異於昔。若得若失，必有能辨之者。紹興甲寅汝諧書。

鄭陶孫跋

曾大父東谷先生，宋紹熙初，繇江南西路提點刑獄遷轉運副使，會帥府諸臺適皆闕官，躬佩五司之印而總聽之。曾不知其為煩劇也，暇則詣學，親為諸生講析疑義。未幾被召，取所著《論語意原》，捐金畀學官鋟板，以便學者之玩繹。蓋豫章此書之自始也。後百十有八年，陶孫叨忝勸學江右。一日，諸生有口講「子在齊聞韶」一章，以為揖遜之樂作於僭竊之國，宜夫子聞之而三月之久不知肉味也。坐人有咋咋責其叛於《集注》者，以父師所傳授對，蓋《意原》之說然也。因訪舊板存否，則散軼久矣。曾大父此書，晚年更定，尤簡而要。暨繇小宰出刺池陽日，亦嘗鋟板學官刻之，亦不復存，遂取家藏者以應諸生之求。教授嚴陵姜材之，願得重鋟，以補其亡。陶孫學術荒陋，無以私淑，忝其祖甚，於此何敢靳？因念自晦庵先生《集注》之行於世，學者往往不復求自得之學，間有取《集注》以前先儒之說者，輒遭驚詫，以為叛於考亭。西山先生亦嘗追序《意原》矣，西山豈叛考亭者哉？理本無終窮，學者尚不可以《集注》自畫，況可謂《集注》之外可盡廢乎？此非不肖孫之私心，乃學者之通論也。既增鋟西山先生敘文，復贅數語卷末，或者議其泥於家學，陶孫則知過矣，然亦天理人情之所在也。至大初元歲次戊申孟夏朔，曾孫承事郎江西等處儒學提舉陶孫謹書於公廨之尊經堂。

鄭如岡跋

《意原》之作，蓋將發明先聖之奧旨，而為學問有成者之助也。先君留心於此，殆將終身。昔者嘗鋟於章貢、豫章，晚歲繇禁橐守池陽，取二本而較之，刪潤殆居其半。踐履益至，議論益深，乃知學問固未始有止也。如岡來閩歲餘，思所以淑諸人，謹取池陽本鋟木，以廣其傳，且求印可於先覺君子，庶無負先君之素志。紹定壬辰夏五既望，男朝請大夫福建路轉運判官如岡謹書。

右大父鋟板澄清堂跋語。板既亡，墨蹟不復存，求之遺稿，謹錄於茲，因可考西山先生追序之歲月也。孫陶孫謹書。

論語意原卷一

學而第一

子曰：「學而時習之，不亦說乎？有朋自遠方來，不亦樂乎？人不知而不慍，不亦君子乎？」

此數語蓋孔門入道之要，故以為首章。古人之學必有入處，於所入處而用力焉，是之謂習。顏子之克己，曾子之三省，皆習也。習曰時習，非曰無時不習也，當其可之謂時也。譬之嬰孩，其始無一能焉，已而學言，則能言；已而學步，則能步也；已而學揖遜，學數與方名，又皆能也。每進一等，則一時也。其進之之時，豈不大可說乎？學者日知其所亡，月無忘其所能。其知也，其能也，果何物哉？皆習之而有得也。所說在我，非外慕也。在遠之朋，何自而來耶？一氣生春，萬物潛動，水必流濕，火必就燥，志氣之合，相與涵泳於太和之中，其樂顧可量哉？至此則舉天下之物不足易吾之樂，人之知不知於我無分毫損益也。猶之八珍之美，惟食焉而後知味，〔註1〕彼不我知者，蓋未嘗食也。以其未嘗食而慍其不知味，豈理也哉？三千之子所以依依於洙泗之上，雖患難窮困不肯捨去者，蓋深造此境，熟知此味也。

有子曰：「其為人也孝弟，而好犯上者，鮮矣；不好犯上，而好作亂者，未之有也。」

周衰之時，天理絕滅，視犯上作亂之事如蹈衽席然。此其禍何自而生哉？

―――――――――――

〔註1〕惟，文淵閣四庫本作「雖」。

生於本心之亡也。有子推本而言之曰使其孝弟，烏能犯上？苟不犯上，烏能作亂？傷之之辭也。

君子務本，本立而道生。孝弟也者，其為仁之本與？

道難名也，仁可見也。故先之以道，又申之以仁也。仁道至大，孝弟乃仁中之一事爾。然聖賢之教人，〔註2〕必自近者始。教之以道與仁，彼不知何者為道，何者為仁，惟告之以孝弟，皆知所自入矣。孟子又慮為孝弟者無所入，乃指疾徐之行以誘之。其言愈近，其理愈切，聖賢立教之意，其至矣乎。

子曰：「巧言令色，鮮矣仁。」

仁者，人心之天也，不仁者以偽滅天也。〔註3〕剛毅木訥，〔註4〕何以近仁？其本心存也。巧言令色，何以鮮仁？去本心遠矣。聖人察其外之所以異，而知其中之所存，曰鮮曰近，有是理也，不敢必以其外而斷其內也。

曾子曰：「吾日三省吾身：為人謀而不忠乎？與朋友交而不信乎？傳不習乎？」

為人而謀，忠乃在我；交乎朋友，信乃在我；傳業於人，習乃在我。凡與物接者，皆以省諸身，合彼己之道也。執柯伐柯，睨而視之，猶以為遠者，二之也；以其成己者而成物，一之也。三省至矣，故以一貫語之。三省者，用力之地；一貫者，悟入之時。古人之學，其始卒皆可考也。

子曰：「道千乘之國，敬事而信，節用而愛人，使民以時。」

道猶大路也，謂其必出於此也。

子曰：「弟子入則孝，出則弟，謹而信，泛愛眾，而親仁。行有餘力，則以學文。」

學有本有文。世之為子弟與父兄之教子弟者，皆文也，非本也。能言則學應對之文，少長則學進趨之文。成童舞勺，文也；數與方名，亦文也；進而至於誦詩、讀書、習禮、閱樂，無非文也。文固不可不學，其本則固有在矣。孝弟、謹信、博愛、親仁，所以為賢、為君子者，〔註5〕皆自此出。必學乎此，以其餘閒之力而學文，是之謂務本。

〔註2〕賢，指海本作「人」。
〔註3〕也，文淵閣四庫本作「下」。
〔註4〕訥，武英殿本作「納」，據諸本改。
〔註5〕為賢為君子者，文淵閣四庫本作「為賢君子者者」。

子夏曰：〔註6〕「賢賢易色，事父母，能竭其力；事君，能致其身；與朋友交，言而有信。雖曰未學，吾必謂之學矣。」

味此數語，乃誠愨篤實者之為也。凡天資之美者，學以進之；其不美者，學以化之。以誠愨篤實之資，而行於君臣、父子、朋友之間，不學固不害其美，學焉則可進於光明盛大之域。子夏之言，非教人以不必學也，言為學之本在是。

子曰：「君子不重則不威，學則不固。主忠信，無友不如己者，過則勿憚改。」

主忠信，尊德性也。擇友以輔之，改過以成之，內外交相養之道。

曾子曰：「慎終追遠，民德歸厚矣。」

子禽問於子貢曰：「夫子至於是邦也，必聞其政。求之與？抑與之與？」子貢曰：「夫子溫、良、恭、儉、讓以得之。夫子之求之也，其諸異乎人之求之與？」

天理之在人心，未始亡也，利欲惑之，則忘其初矣。列國之諸侯，非必人人為寬璉、為檮杌也，乍見聖人盛德之容，其誰不欲與之謀其政乎？惟其道大莫能容，是以始雖謀之，終必棄之。當夫子皇皇於七十二國，豈可謂無所求也哉？然夫子之求，非眾人之求也，求行吾道以澤天下爾。

子曰：「父在，觀其志；父沒，觀其行。三年無改於父之道，可謂孝矣。」

觀字，微旨也，宜深味之。若曰從其志，述其行，則不可為通訓矣。禹不遵治水之績，蔡仲不免於率德改行。父有爭子，然後不陷於不義。曰「觀其志」，「觀其行」，人子當以心體之。雖有可改者，三年居喪之時，未可遽改，所以立萬世之法。

有子曰：「禮之用，和為貴。先王之道，斯為美，小大由之。有所不行，知和而和，不以禮節之，亦不可行也。」

禮之體至敬，而其用貴和。先王之道，以斯為美。事無小大，〔註7〕皆由此道也。其有所不行者，以其一於和而不以禮節之，是以不可行也。下言「亦

〔註6〕夏，文淵閣四庫本作「學」。
〔註7〕小大，指海本作「大小」。

不可行」，乃申言上文「有所不行」也。

有子曰：「信近於義，言可復也；恭近於禮，遠恥辱也；因不失其親，亦可宗也。」

此一節明近似者易以差也。言貴於信，行貴於恭，學貴於有所因，三者皆正理，然不可不謹其差也。信者守其必然，義則權其可否，信不近義，則其信差矣，其言不可復也。恭者一於卑遜，禮則稱物平施，恭不近禮，則其恭差矣，必至於自取辱也。因者，因於人；親者，親切也。孟子之學，因於子思；子思之學，因於曾子，因而不失其親也。莊周之學，因於田子方；子方之學，因於子夏，因而失其親也。莊周之學，傳之而弊；孟子之學，萬世可宗，差與不差之間也。

子曰：「君子食無求飽，居無求安，敏於事而慎於言，就有道而正焉，可謂好學也已。」

子貢曰：「貧而無諂，富而無驕，何如？」子曰：「可也。未若貧而樂，富而好禮者也。」

子貢曰：「《詩》云：『如切如磋，如琢如磨。』其斯之謂與？」子曰：「賜也，始可與言《詩》已矣，告諸往而知來者。」

切磋琢磨，學問之事也。苟非學問，則所樂者何事？所好者何禮？此子貢能知其所自來也。

子曰：「不患人之不己知，患不知人也。」

為政第二

子曰：「為政以德，譬如北辰，居其所而眾星共之。」

居中不動而眾星共之，然後見北辰之尊；在上無為而天下歸之，然後見聖人之德。以心感心，坐制群動，德之為用大矣哉！

子曰：「《詩》三百，一言以蔽之，曰：思無邪。」

刪《詩》斷之以此。案：《小爾雅》：「蔽，斷也。」《書經》所用蔽字多作斷解，如「惟先蔽志」、「丕蔽要囚」之蔽，皆斷義也。

子曰：「道之以政，齊之以刑，民免而無恥。道之以德，齊之以禮，有恥且格。」

子曰：「吾十有五而志於學，三十而立，四十而不惑，五十而知天命，六十而耳順，七十而從心所欲，不踰矩。」

論聖人者皆曰不思而得，不勉而中，從容中道，此成聖之事。所以成聖者，未有不由學以進也。然人之質有上下昏明之異，故其進有遲速分量之殊，所以必資於學者則一也。彼愚而不學者，失其本心。其少也昧而無知，其壯也剛而多欲，其老也耄而貪得，終身行於血氣之中，泯焉而後已。其有志於學者，則以天理而勝人慾。或有所未能勝，於是有作輟焉，有間斷焉。其上好學若顏子者，人慾雖消，天理雖復，猶未至於從容而中也。惟聖人心地明白，自志學至於從心，皆能次第言之。至於不踰矩，則與天為一，無適而非天也。是謂自誠而明，是謂至誠無息，是謂純亦不已。〔註8〕舍是而論生知，非知聖人者也。

孟懿子問孝。子曰：「無違。」樊遲御，子告之曰：「孟孫問孝於我，我對曰無違。」樊遲曰：「何謂也？」子曰：「生，事之以禮；死，葬之以禮，祭之以禮。」孟武伯問孝。子曰：「父母唯其疾之憂。」子游問孝。子曰：「今之孝者，是謂能養。至於犬馬，皆能有養。不敬，何以別乎？」子夏問孝。子曰：「色難。有事，弟子服其勞；有酒食，先生饌。曾是以為孝乎？」

懿子，僖子之子也。昭公反自楚，僖子以不能相禮為病，乃講學之。其將死也，召其大夫，屬懿子於孔子，使事之而學禮焉。懿子以孝為問，答之以無違。懿子不復致疑者，謂夫子教之以無違其父之命而學禮也。然聖人之意不止於是，故以無違之旨告於樊遲，使之終其身不忘其親也。亦使學者知無違之旨，非謂惟父令之從也。孟武伯，懿子之子也。彼以其父學於聖人，亦從而問孝焉。武伯欲圍馬於成，成宰公孫宿曰：「孟孫為成之病，不圍馬焉。」武伯怒，襲成，成有司使武伯鞭之。懿子之卒，成人奔喪，弗內。即此觀之，武伯貽憂於其親，可知矣。推此二事，則知告子游、子夏者，無非中其事親之失也。

子曰：「吾與回言終日，不違，如愚。退而省其私，亦足以發，回也不愚。」

顏子見其堅高，見其前後，見其所立卓爾。不言之際，猶有所覺，聞言而解，〔註9〕尚何俟於辨問乎？

〔註8〕純，文淵閣四庫本作「誠」。
〔註9〕聞，文淵閣四庫本、墨海金壺本、叢書集成初編本作「問」。

子曰：「視其所以，觀其所由，察其所安。人焉廋哉？人焉廋哉？」

子曰：「溫故而知新，可以為師矣。」

至理藏於人心，猶淵泉也，濬之而益深，導之而必達，汩之以塵土，則涔蹄而已。故者，昔之所得也；新者，今之所見也。以昔之所得者，紬繹之，溫習之，而今之所見者，又日新焉。在我者有所覺，斯可以覺他人也。

子曰：「君子不器。」

子貢問君子。子曰：「先行其言而後從之。」

不徒言焉而踐其實，則君子之名從之。

子曰：「君子周而不比，小人比而不周。」

疑似之際，必深辨之。驕泰和同，皆此意也。

子曰：「學而不思則罔，思而不學則殆。」

子曰：「攻乎異端，斯害也已。」

聖人之所辨者，疑似而已。若異端之於吾道，如黑白，如東西，夫人皆知之，何必攻也？後世好與釋、老辨者，蓋未識聖人之心也。

子曰：「由！誨女知之乎。知之為知之，不知為不知，是知也。」

或聞而知之，或見而知之，聞見未為得也，知之而後有得也。道猶嘉肴也，食焉則知其味。得之聞見者，皆未食也。子路失之過取，故告之。

子張學干祿。子曰：「多聞闕疑，慎言其餘，則寡尤；多見闕殆，慎行其餘，則寡悔。言寡尤，行寡悔，祿在其中矣。」

耕也，餒在其中，耕豈期於餒哉？學也，祿在其中，學豈期於祿哉？曰「在其中」，所以平其心也。子張堂堂色莊，志在務外，不致詳於言行之際，則多聞多見，祗以為累爾。飲食陳於吾前，必擇其可食而食焉。不擇而食，病之階也。言行非必得祿也，因其問祿，以是救其失焉爾。

哀公問曰：「何為則民服？」孔子對曰：「舉直錯諸枉，則民服；舉枉錯諸直，則民不服。」

季康子問：「使民敬、忠以勸，如之何？」子曰：「臨之以莊則敬，孝慈則忠，舉善而教不能則勸。」

澄源正本，聖賢之事，季康子何足以知此？聖人之言，不為人貶也。

　　或謂孔子曰：「子奚不為政？」子曰：「《書》云：『孝乎惟孝，友于兄弟，施於有政。』是亦為政，奚其為為政？」

　　子曰：「人而無信，不知其可也。大車無輗，小車無軏，其何以行之哉？」

　　信存於吾心，至隱微也，而交於天下者在是。信非惟信其言也，有一不誠於吾心，則非信矣。

　　子張問：「十世可知也？」子曰：「殷因於夏禮，所損益，可知也；周因於殷禮，所損益，可知也；其或繼周者，雖百世，可知也。」

　　以十世為問，問其事也；百世可知者，言其理也。使子張能悟此理，則知所問之失矣。

　　子曰：「非其鬼而祭之，諂也。見義不為，無勇也。」

　　二者之心，所屈則一。

八佾第三

　　《春秋》之辭，有微有顯，有婉有直。觸於心者有輕重，故見於辭者有淺深。天之為怒也，有疾風，有驟雨，有雷霆。其為物不同，其為怒則一。《八佾》一篇，無非傷權臣之僭竊，痛名分之紊亂。其言與《春秋》相表裏，有疾之之辭，有鄙之之辭，有斥之之辭，有痛之之辭。百世之下，誦其言，遡其心，猶見其凜凜乎不可犯。當時之亂臣賊子，聞之而不知懼，可見天理之絕滅也。

　　孔子謂季氏：「八佾舞於庭，是可忍也，孰不可忍也？」

　　天子之禮樂作於前，偃然不以動其心，不忍之心滅矣，疾之也。

　　三家者以《雍》徹。子曰：「『相維辟公，天子穆穆』，奚取於三家之堂？」

　　是詩指天子辟公為言。〔註10〕夫人知其不當用，而三家者用之，其愚甚矣。直曰「奚取於三家之堂」，斥之也。

　　子曰：「人而不仁，〔註11〕**如禮何？人而不仁，如樂何？」**

　　仁，人心也。禮樂之起，本於人心也。不仁，則陵犯乖爭，無所不有，尚

〔註10〕為，文淵閣四庫本作「而」。
〔註11〕人，文淵閣四庫本作「仁」。

何取於禮樂乎？鄙之也。

林放問禮之本。子曰：「大哉問！禮，與其奢也，寧儉；喪，與其易也，寧戚。」

禮之有本末，猶之形影源流也。後世忘禮之本，猶遺形而求影，舍源而沿流也。禮之始，惟儉而已。聖人以其太陋也，故為之宮室，以文其檜巢之居；為之俎豆，以文其污尊之飲。喪之始，惟戚而已。聖人慮其傷生也，故節之以三日之食，使之不滅性；節之以三年之制，示之以有終。禮之文，喪之節，所以納之於中也。後世乃因文以為質，因節而為儉，以奢視儉，以易視戚，雖均為失中，然戚與儉不失其本，而奢與易則末流之弊也。

子曰：「夷狄之有君，不如諸夏之亡也。」

諸夏雖有君，僭竊陵犯，與無同也。夷狄不爾，而諸夏乃爾，傷之也。

季氏旅於泰山。子謂冉有曰：「女弗能救與？」對曰：「不能。」子曰：「嗚呼！曾謂泰山不如林放乎？」

以知禮之事歸之鬼神，言在人者見聞習熟，皆無足責矣，所以深罪冉有也。

子曰：「君子無所爭，必也射乎！揖讓而升，下而飲，其爭也君子。」

子夏問曰：「『巧笑倩兮，美目盼兮，素以為絢兮』，何謂也？」子曰：「繪事後素。」曰：「禮後乎？」子曰：「起予者商也，始可與言《詩》已矣。」

絢，飾也；素，質也。夫有容者皆可為絢飾，何以笑之？倩目之盼，有此素質者而後可為之，此子夏之所疑也。蓋繪畫之事，以素為先，有質而後有文，文未有能勝其質者。有事君之誠，斯可言朝見會同之禮；有事親之誠，斯可言溫清定省之禮。〔註12〕禮非為可後也，所以為禮者，固有其本也。忠信之人可以學禮之言，蓋起於此。

子曰：「夏禮吾能言之，杞不足徵也；殷禮吾能言之，宋不足徵也；文獻不足故也。足，則吾能徵之矣。」子曰：「禘自既灌而往者，吾不欲觀之矣。」或問禘之說。子曰：「不知也。知其說者之於天下也，其如示諸斯乎！」指其掌。祭如在，祭神如神在。

杞，夏之後。宋，商之後。魯，周之後。杞、宋亡，夏、商之禮以無文獻

〔註12〕斯，叢書集成初編本作「新」。

可證也。若魯則不然，以文則有典籍，以獻則有夫子，魯之君臣莫之考證，何也？夫子意不在杞、宋，託杞、宋以見其意，特於魯則微其辭爾。禘，大祭也。灌，祭之始也。自灌以往，不欲觀始末，皆失也。或人聞之，乃以禘為問。聖人言之，則未免於非魯，故曰「不知也」。終於不言，則其義不明，故又曰「知其說者之於天下也，其如示諸斯乎」。「祭如在，祭神如神在」，即灌而不薦之義。此深告以禘之說也。

子曰：「吾不與祭，如不祭。」

再加以「子曰」，與上文意不相屬，因論祭而類於此。

王孫賈問曰：「與其媚於奧，寧媚於灶，何謂也？」子曰：「不然。獲罪於天，無所禱也。」

奧者，室之西南隅。灶者，五祀之一。祭五祀者，必先祭於其所，而後迎尸而祭於奧。奧有常尊，不若灶為親近，故託祭以為諷，聖人亦因祭而對以無所禱也。觀其辭則正而不迫，玩其意則凜然而不可犯，雖雜於他書之中，亦識其為聖人之言也。

子曰：「周監於二代，郁郁乎文哉！吾從周。」

從周者，從文、武、周公之法度也。從先進者，不以文滅質也。

子入太廟，每事問。或曰：「孰謂鄹人之子知禮乎？入太廟，每事問。」子聞之，曰：「是禮也。」

子曰：「射不主皮，為力不同科，古之道也。」

射不主皮，鄉射禮之言也。夫子釋之曰：所以不主皮者，為其力之不同科。科，等也。主皮，貫革也。不以力強人，此古者忠厚之道，故思之。

子貢欲去告朔之餼羊，子曰：「賜也，爾愛其羊，我愛其禮。」

說者謂自魯文公不視朔，〔註13〕惟用餼羊，故子貢欲去之。此未之深考也。《春秋》書文公四不視朔，皆以疾也。使視朔之禮因文公而廢，則當書「初不視朔」，如書「初獻六羽」、「初稅畝」之類，特書「四不視朔」，是餘月猶視朔也。古者天子以季冬頒來歲十二月之朔於諸侯，〔註14〕諸侯藏於祖廟，〔註15〕每朔則以特羊告廟，請而行之。子貢之意，謂四時各有祭廟之禮，請朔於廟，

〔註13〕自魯文公，墨海金壺本、叢書集成初編本作「魯自文公」。
〔註14〕來歲，武英殿本無，據文淵閣四庫本補。
〔註15〕諸侯，文淵閣四庫本、墨海金壺本、叢書集成初編無。

告焉可也，不必用餼羊也。夫子之意若曰：夫禮，有其舉之，莫敢廢也。告朔用羊，其來已久。魯之君臣，方且日怠於禮，〔註16〕去一餼羊，未害也。彼謂先王之禮皆可隨時而廢，廢之不已，將至於泯滅矣。是所愛者一羊，而於禮則無所愛也。識慮之近遠，〔註17〕於此可見矣。

子曰：「事君盡禮，人以為諂也。」

夫子盡禮於其君，孟子乃謂「用上敬下，謂之尊賢」。孔、孟非固為異也，孔子尊君，孟子尊道。孔子之道固尊也，不自尊而尊君，所以勵犯分之臣，然不失其為尊道也。孟子之道，人未之尊也，藐其君而自尊，所以勵枉己之臣，亦無害於尊君也。

定公問：「君使臣，臣事君，如之何？」孔子對曰：「君使臣以禮，臣事君以忠。」

夫子言「君使臣，臣事君」，各欲盡其道而已。至孟子，乃有土芥、犬馬、國人、寇讎之喻。夫子之時，君臣之失道，猶未淪胥也。至孟子之時，君臣直以利合，遂相與為施報矣。雖然，父雖不父，子不可以不子；君雖不君，臣不可以不臣。孟子之言，固有所激，然聖賢之分，可見於此。

子曰：「《關雎》樂而不淫，哀而不傷。」

未得窈窕則哀之，其哀有所止，故不傷；既得淑女則樂之，其樂有所止，故不淫。出於閨門者，其情若此；形於家邦者，宜其有騶虞之化。

哀公問社於宰我。宰我對曰：「夏后氏以松，殷人以柏，周人以栗，曰使民戰慄。」子聞之曰：「成事不說，遂事不諫，既往不咎。」

喪國之社則屋之，故國存則社存，國亡則社亡。凡言國之存亡者，必曰社稷云。夏之社以松，商之社以柏，周之社以栗。是三木者，至堅且久，三代以是示社稷久存之義，且使後世知所持循保守也。哀公心存殘忍，以栗為使民戰慄。宰我聞之而不復辨，是以責之曰：汝欲成遂其殘忍之事，故不說不諫乎？汝以失之於既往，而不復咎之乎？不能隨事正救之，〔註18〕宰我之失也。

子曰：「管仲之器小哉！」或曰：「管仲儉乎？」曰：「管氏有三歸，官事不攝，焉得儉？」「然則管仲知禮乎？」曰：「邦君樹塞門，管仲亦

〔註16〕且，文淵閣四庫本作「其」。
〔註17〕近遠，文淵閣四庫本作「遠近」。
〔註18〕救，墨海金壺本、叢書集成初編本作「諫」。

樹塞門；〔註19〕邦君為兩君之好，有反坫，管氏亦有反坫。管氏而知禮，孰不知禮？」

諸侯僭天子，大夫僭諸侯，必有無君之心而後動於惡。管仲方以禮與信正桓公，其肯為是乎？此必齊桓公以仲有大功，而賜以邦君之禮，舉國之人皆以為仲所當得，仲亦偃然受之，不以為過，所以特明其器之小也。

子語魯太師樂，曰：「樂其可知也：始作，翕如也；從之，純如也，皦如也，繹如也，以成。」

儀封人請見，曰：「君子之至於斯也，吾未嘗不得見也。」從者見之。出曰：「二三子何患於喪乎？天下之無道也久矣，天將以夫子為木鐸。」

子謂《韶》，「盡美矣，又盡善也」；謂《武》，「盡美矣，未盡善也」。

稱夷、齊以為賢，歎《武》樂而未盡善，所以深明武王不得已之心，而存君臣之大義。

子曰：「居上不寬，為禮不敬，臨喪不哀，吾何以觀之哉？」

刑政法度修矣，不寬，非所以蒞下；威儀文物備矣，不敬，非所以為禮；棺槨衣衾美矣，不哀，非所以居喪。寬也，敬也，哀也，皆內心之發也。凡不出於內心，其末不足觀也。

里仁第四

子曰：「里仁為美。擇不處仁，焉得知？」〔註20〕

聖人於仁智，常析而言之。至論不能處仁者，則以為不智。然則以多知為智，而未嘗知仁，非聖人所謂智也。里，居也。

子曰：「不仁者不可以久處約，不可以長處樂。仁者安仁，知者利仁。」

子曰：「唯仁者能好人，能惡人。」子曰：「苟志於仁矣，無惡也。」

既曰「能好」「能惡」，又曰「無惡」，蓋以是反覆明仁人之心也。志於仁者，無一念不存乎仁，其視萬物同為一體，體有貴賤，皆天理也。世豈有好耳目而惡足髀者哉？無名之指，屈則求信，非以其屈而惡之也。〔註21〕民之秉

〔註19〕仲，叢書集成初編本作「氏」。
〔註20〕知，墨海金壺本、叢書集成初編本作「智」。
〔註21〕惡，文淵閣四庫本作「忽」。

彝，與我無間，不仁而喪其良心，矜之而已，雖謂之無惡，可也。曰能好惡人，所以明性情之正；曰無惡也，所以明體物之心。言雖不同，其歸則一。

子曰：「富與貴，是人之所欲也，不以其道得之，不處也。貧與賤，是人之所惡也，不以其道得之，不去也。」

說者謂有得富貴之道，有得貧賤之道，非也。聖人嘗言得矣，曰「見得思義」，曰「戒之在得」，曰「先事後得」，得之為言，謂於利有獲也。兩言「不以其道得之」，初無二意，〔註22〕唯曰富貴固人之所欲，不以其道而有得焉，得則可富貴矣，然君子不處此富貴也；貧賤固人之所惡，不以其道而有得焉，則不貧賤矣，然君子不去此貧賤也。以富貴貧賤反覆見意，欲人人知此理，是以互言之也。

君子去仁，惡乎成名？君子無終食之間違仁，〔註23〕造次必於是，顛沛必於是。

子曰：「我未見好仁者，惡不仁者。好仁者，無以尚之；惡不仁者，其為仁矣，不使不仁者加乎其身。有能一日用其力於仁矣乎？我未見力不足者。蓋有之矣，我未之見也。」

仁則公，不仁則私。公者，天理；私者，〔註24〕人欲。夫子言仁，每每以好惡為言。蓋人慾之私，莫甚於好惡也。同乎己者好之，異乎己者惡之。事適於吾心則好之，拂於吾心者則惡之。好惡百出，無非行於人慾之中。人慾之勝，天理之滅也。人皆曰好仁，私情亂之，故所好者未必仁；人皆曰惡不仁，私情亂之，故所惡者未必不仁。如使所好者誠仁，不可以有加矣；所惡者誠不仁，則不善者不能親其身矣。惟其所好非所好，所惡非所惡，是以終其身不至於仁，宜聖人歎其未之見也。

子曰：「人之過也，各於其黨。觀過，斯知仁矣。」

仁，人心也。不見此心者，偏黨蔽之也。

子曰：「朝聞道，夕死可矣。」

道無古今，無存亡，覺此，則死生之變猶夜旦也。

〔註22〕二，文淵閣四庫本作「一」。
〔註23〕食，文淵閣四庫本、叢書集成初編本作「日」。
〔註24〕者，指海本作「則」。

子曰：「士志於道，而恥惡衣惡食者，未足與議也。」

子曰：「君子之於天下也，無適也，無莫也，義之與比。」

子曰：「君子懷德，小人懷土；君子懷刑，小人懷惠。」

上有德，則禮義明，教化行，固君子之所安也；上有刑，則善有所怙，惡有所懼，亦君子之所安也。小人則不然，有土以居之，則苟安重遷，德則非其所知也；有惠以私之，則樂其所養，刑則非其所利也。君子、小人識慮之遠近，用心之公私，於此分矣。當時之君，既無德政，又無刑章，何以懷君子？爭城爭地，民不得一日安其居；重徵厚斂，未嘗有以惠其下，又無以懷小人矣。君子、小人皆失其所，是以微示傷歎之意。

子曰：「放於利而行，多怨。」

子曰：「能以禮讓為國乎？何有？不能以禮讓為國，如禮何？」

子曰：「不患無位，患所以立。不患莫己知，求為可知也。」

子曰：「參乎！吾道一以貫之。」曾子曰：「唯。」子出，門人問曰：「何謂也？」曾子曰：「夫子之道，忠恕而已矣。」

一貫之道，物我同歸，自本根而為枝葉，為華實，人見其異，未嘗不一也。聖人之道，自盡己之性至於盡人之性，盡人之性至於盡物之性，盡物之性至於贊天地之化育，烏有二致哉？曾子之於三省，用力既到，所造亦深矣。〔註25〕夫子知其可以語此，故呼以告之。告之而無疑辭，〔註26〕聞之而不復致詰，以水投水，泯然無間，此孔門之心學也。程氏曰：「忠者體，恕者用。」謝氏曰：「忠譬則流而不息，恕譬則萬物散殊。或謂曾子姑以忠恕語門人者，此不識忠恕也。」

子曰：「君子喻於義，小人喻於利。」

子曰：「見賢思齊焉，見不賢而內自省也。」

子曰：「事父母幾諫，見志不從，又敬不違，勞而不怨。」

子曰：「父母在，不遠遊，遊必有方。」

子曰：「三年無改於父之道，可謂孝矣。」

子曰：「父母之年，不可不知也。一則以喜，一則以懼。」

〔註25〕矣，武英殿本無，據文淵閣四庫本補。
〔註26〕之，文淵閣四庫本無。

子曰：「古者言之不出，恥躬之不逮也。」

子曰：「以約失之者鮮矣。」

約非止於不泰侈也，凡為學、修身、處事、應物之理，裁之使近於本，而不至於放蕩，雖未合於中，其失亦鮮。

子曰：「君子欲訥於言而敏於行。」

子曰：「德不孤，必有鄰。」

謂之獨行無徒者，必非可傳可繼之行。德者，人心所同然，安有德立而無親近之者乎？敬以直內，義以方外，必以其類應也。

子游曰：「事君數，斯辱矣；朋友數，斯疏矣。」

公冶長第五

子謂公冶長，「可妻也。雖在縲紲之中，非其罪也。」以其子妻之。

子謂南容，「邦有道，不廢；邦無道，免於刑戮」。以其兄之子妻之。

在縲紲之中而非其罪，寡過之人也。邦無道，免於刑戮，〔註27〕保身之人也。以女妻人，所取者如此而已，亦足以見聖人不求備之心。

子謂子賤，「君子哉若人！魯無君子者，斯焉取斯？」

釋者謂子賤之賢，非得魯之君子薰染漸漬，安取其為君子？夫舍其人之善而不稱，乃歸於他人之漸染，非聖人忠厚之言。蓋子賤之為人，必沉厚簡默，不祈人之知者，自非魯多君子，〔註28〕孰能取其為君子也？觀子賤之為宰，不下堂彈琴而化，則其氣象可知。使其生於他邦，與謀臣說士混然而並處，則子賤之賢，亦無以自見於世矣。

子貢問曰：「賜也何如？」子曰：「女，器也。」曰：「何器也？」曰：「瑚璉也。」

顏、閔以下，惟子貢晚年為有所得，識夫子性與天道於文章之中，知夫子之得邦家立之斯立。此非嘗試之言，有所覺也。一旦自以何如為問，必其心境昭明，以其所以日改月化者，就聖人求質之爾。許之以器，器者，成材之稱也。器有大小，有貴賤，瑚璉乃清廟可貴之器也。

〔註27〕刑，文淵閣四庫本作「形」。
〔註28〕多，文淵閣四庫本作「之」。

或曰：「雍也仁而不佞。」子曰：「焉用佞？禦人以口給，屢憎於人。不知其仁，焉用佞？」

子使漆雕開仕。對曰：「吾斯之未能信。」子說。

子曰：「道不行，乘桴浮於海。從我者，其由與？」子路聞之喜。

子曰：「由也好勇過我，無所取材。」

聖人於群弟子所得之處，時發其機而叩擊之，警策之。彼確然自信者，必不惑於聖人之言，若漆雕開未之能信是也。子路聞乘桴浮海之言，躍然而喜，是墮於轉徙之中矣，曰「無所取材」，〔註29〕所以深中其病。

孟武伯問：「子路仁乎？」子曰：「不知也。」又問。子曰：「由也，千乘之國，可使治其賦也，不知其仁也。」「求也何如？」子曰：「求也，千室之邑，百乘之家，可使為之宰也，不知其仁也。」「赤也何如？」子曰：「赤也，束帶立於朝，可使與賓客言也，不知其仁也。」

子謂子貢曰：「女與回也孰愈？」對曰：「賜也何敢望回？回也聞一以知十，賜也聞一以知二。」子曰：「弗如也。吾與女弗如也。」

聖人擬人必以其倫，以「回也孰愈」為問，可見賜之所得，已奔軼於顏子之後矣。二子之優劣，聖人豈不知之？必使賜自言者，欲見賜之覺與未覺也。聞一知十，因始而知終也；聞一知二，因此而知彼也。賜非特自知，亦深知顏子之蘊，故曰「吾與女弗如也」。使為臆度之說，必有以警之，而亦弗與之矣。

宰予晝寢。子曰：「朽木不可雕也，糞土之牆不可杇也，於予與何誅？」子曰：「始吾於人也，聽其言而信其行；今吾於人也，聽其言而觀其行。於予與改是。」

裂眥之怒，異乎嘻笑。責之嚴，所以誨之切，不可謂誅絕之也。

子曰：「吾未見剛者。」或對曰：「申棖。」子曰：「棖也慾，焉得剛？」

子貢曰：「我〔註30〕不欲人之加諸我也，吾亦欲無加諸人。」子曰：「賜也，非爾所及也。」

其言則是，其用力則未到，故激而進之。

〔註29〕材，文淵閣四庫本作「村」。
〔註30〕我，文淵閣四庫本作「吾」。

子貢曰：「夫子之文章，可得而聞也；夫子之言性與天道，不可得而聞也。」

性與天道，至難言也。夫子寓之於文章之中，惟子貢能聞之。至孟子，則諄諄然言性善，言天道。夫子示人以其端，欲學者至於自得。孟子闡其秘以示人，欲天下皆可知。夫子之設教，元氣也，雨露所滋，萬物自遂。孟子之設教，生物也，既栽培之，又灌溉之。孔、孟之心則一，所以為聖賢者，固有分量也。

子路有聞，未之能行，唯恐有聞。

聞而必行，猶飢而必食。既食矣，惟恐美味至於吾前，而食之不逮，不幾於貪乎？

子貢問曰：「孔文子何以謂之文也？」子曰：「敏而好學，不恥下問，是以謂之文也。」

子謂子產，有君子之道四焉：其行己也恭，其事上也敬，其養民也惠，其使民也義。

子曰：「晏平仲善與人交，久而敬之。」

子曰：「臧文仲居蔡，山節藻梲，〔註31〕何如其知也？」

橫渠曰：「山節藻梲，為藏龜之室，與『祀爰居』之義同歸於不智矣。」

子張問曰：「令尹子文三仕為令尹，無喜色；三已之，無慍色。舊令尹之政，必以告新令尹。何如？」子曰：「忠矣。」曰：「仁矣乎？」曰：「未知，焉得仁？」

「崔子弒齊君，陳文子有馬十乘，棄而違之。至於他邦，則曰：『猶吾大夫崔子也。』違之。之一邦，則又曰：『猶吾大夫崔子也。』違之。何如？」〔註32〕子曰：「清矣。」曰：「仁矣乎？」曰：「未知，焉得仁？」

季文子三思而後行。子聞之，曰：「再，斯可矣。」

觀文子言備豫不虞，〔註33〕古之善教，想其臨事之際，必慮而後行，故人以三思稱之。然天下之理，不出於善惡利害、是非得失之兩途，思此而復思彼，其去取從違，可坐判矣。再思而加以三思，則兩者紛亂，私情或復生也。文子

〔註31〕梲，文淵閣四庫本作「稅」。
〔註32〕何如，叢書集成初編本作「如何」。
〔註33〕豫，文淵閣四庫本作「預」。

以臧文仲事君之禮，奉以周旋，終不納莒僕之奸，必思而後行也。宣公之立，實篡也，文子為之納賂於齊以請會，豈未之思與？大抵聖人無思，感而遂通，賢人謹思之，力行之，如其中無所見，且無所守，雖多思也奚益？曰「再斯可矣」，有不盡之深意。

子曰：「甯武子，邦有道則知，邦無道則愚。其知可及也，其愚不可及也。」

智而用智，智者能之；智而用愚，非智也，幾於道也。甯武子事衛成公，公出奔，武子盟國人而復之。既而為衛侯爭訟於晉，晉以武子為忠而免之，卒囚衛侯，武子職納橐饘焉。成公，無道之君也，武子事之而不去，而又與之周旋於患難之中。武子之愚，固非尸位避事而竊君之祿也，亦非忘君徇身而輕去其國也。想其深見遠識，行之以無事，處之以沈晦，雖仕無道之邦，亦可以自免。後世竊此說而為身謀者，非甯武子之愚也。

子在陳，曰：「歸與！歸與！吾黨之小子狂簡，斐然成章，不知所以裁之。」

匡人之難，則曰「文不在茲乎」；在陳之厄，則念「斐然成章」。《繫辭》曰：「作《易》者，其有憂患乎？」不獨《易》也，聖人明憂患與故，且知道之不可復行於世也，是以述作之心生焉。

子曰：「伯夷、叔齊不念舊惡，怨是用希。」

子貢問夷、齊，曰「怨乎」，又曰「怨是用希」，每以怨而疑夷、齊，何也？夷、齊之父，捨長而立少，遂使少長俱不立，不足於父子之間也；二人俱出奔，而捨其宗祊，不足於兄弟之間也；紂為無道，闢於北海之濱，武王之興，未免叩馬而諫，不足於君臣之間也。不容於國，不容於斯世，餓於首陽，采薇而食，凡世之所謂不堪處者，夷、齊皆甘心矣，疑其必有怨也。惟夫子洞見其心，稱之以求仁而得仁。夫仁者之念，無非天理，惡事經於吾心，惡人見於吾前，如晛消雪，未嘗凝留，夫何怨之有哉？

子曰：「孰謂微生高直？或乞醯焉，乞諸其鄰而與之。」

或謂微生高委曲以遂其直，非失之於徑情直行，以是取之，非也。直者，真情也。真情之中，〔註34〕不應有偽。所謂委曲者，猶水之避礙也。苟非有礙，何避之有？使當時有以急難告微生高者，高不委曲以應之，則為固而不通矣。

〔註34〕真，文淵閣四庫本作「直」。

乞醯，細故也。有無可以情告，而乃乞諸鄰以與之，是為偽以悅人也。推此心以往，凡可委曲為偽者，皆為之矣。聖人於其微者察之，知微生高之非直也。

子曰：「巧言、令色、足恭，左丘明恥之，丘亦恥之。匿怨而友其人，左丘明恥之，丘亦恥之」。

顏淵、季路侍。子曰：「盍各言爾志？」子路曰：「願車馬衣輕裘與朋友共，敝之而無憾。」顏淵曰：「願無伐善，無施勞。」子路曰：「願聞子之志。」子曰：「老者安之，朋友信之，少者懷之。」

子曰：「已矣乎！吾未見能見其過而內自訟者也。」

子曰：「十室之邑，必有忠信如丘者焉，不如丘之好學也。」

論語意原卷一

論語意原卷二

雍也第六

子曰：「雍也可使南面。」

仲弓問子桑伯子。子曰：「可也簡。」仲弓曰：「居敬而行簡，以臨其民，不亦可乎？居簡而行簡，無乃太簡乎？」子曰：「雍之言然。」

雍聞可使南面之言，即以子桑伯子為問。子桑伯子之為人，必雍平日之所喜者，夫子言其為可也簡。雍因是而悟伯子之簡，〔註1〕失於不敬也。觀《家語》載伯子不衣冠而處，其不足於敬可知矣。雍之言然，非特言中於理，而亦深中伯子之失也。

哀公問：「弟子孰為好學？」孔子對曰：「有顏回者好學，不遷怒，不貳過，不幸短命死矣。今也則亡，未聞好學者也。」

轉徙之謂遷，參錯之謂貳。貳非再也，非副也，猶黑白間雜而不精純也。凡人之怒，其發也勃然，志氣惑亂，未有不轉徙者。至其昧於自知也，善念惡念，未有不參錯者。顏子人慾既去，天理自明，不能無怒也。因物而怒，循理而止，猶水之激也，激之者已，其寂然者自若，是謂不遷怒。有一毫不純於天理者，即過也，其過未嘗不知，知之未嘗復行，猶玉之污也，污之者去，其瑩然者自若，是謂不貳過。好學如此，異於後之好學，是以惜之。

子華使於齊，冉子為其母請粟。子曰：「與之釜。」請益。曰：「與之庾。」冉子與之粟五秉。子曰：「赤之適齊也，乘肥馬，衣輕裘。吾聞之也，君子周急不繼富。」

〔註1〕雍，文淵閣四庫本作「仲」。

原思為之宰，與之粟九百，辭。子曰：「毋！以與爾鄰里鄉黨乎！」

子謂仲弓曰：「犁牛之子騂且角，雖欲勿用，山川其舍諸？」

或謂仲弓之父必有不善之行，非也。聖人不因美其子而斥其父也。橫渠曰：「犁牛之子雖無全純，然使其色騂且角，縱不為大祀所取，次祀、小祀終必取之矣。言大者苟立，人所不棄也。」

子曰：「回也，其心三月不違仁，其餘則日月至焉而已矣。」

仁，天理也。三月，久也。久而不違，亦有時而違乎？顏子守之也，非化之也。一念不純於天理，乃違乎仁。雖違也，能復之於初也，故曰不貳過。其餘則或日月至焉，人慾去而復生，天理存而復失，一出一入，所以異於顏子。

季康子問：「仲由可使從政也與？」子曰：「由也果，於從政乎何有？」曰：「賜也可使從政也與？」曰：「賜也達，於從政乎何有？」曰：「求也可使從政也與？」曰：「求也藝，於從政乎何有？」

季氏使閔子騫為費宰。閔子騫曰：「善為我辭焉！如有復我者，則吾必在汶上矣。」

孔門惟顏、閔終於不仕，蓋磨而不磷，涅而不緇，未能進於聖人之地。顏、閔實兢兢於此也，其他不足以語此。

伯牛有疾，子問之，自牖執其手，曰：「亡之，命矣夫！斯人也而有斯疾也！斯人也而有斯疾也！」

子曰：「賢哉回也！一簞食，一瓢飲，在陋巷，人不堪其憂，回也不改其樂。賢哉回也！」

人慾淨盡，天理渾融，而又見其高堅前後，見其所立卓爾。其未得也，企慕焉；其既得也，躍躍焉。舉天下之樂，孰有大於此者？樂字固當玩味。程子又曰：「其字當玩味，自有深意。」然則「不改」字尤當玩味也。〔註2〕凡可改者，皆非其至也，皆非我有也。既至而為我有，非不可改也，亦自不容改也。

冉求曰：「非不說子之道，力不足也。」子曰：「力不足者，中道而廢。今女畫。」

廢，謂已於此也。畫，猶畫為限界，非無餘地不能闢而充之也。

〔註2〕味，叢書集成初編本作「昧」。

子謂子夏曰：「女為君子儒，無為小人儒。」

子游為武城宰。子曰：「女得人焉爾乎？」〔註3〕曰：「有澹臺滅明者，行不由徑，非公事，未嘗至於偃之室也。」

楊氏曰：「後世不由徑，人必以為迂；不至其室，人必以為簡。非孔氏之徒，其誰知而取之？」

子曰：「孟之反不伐，奔而殿。將入門，策其馬，曰：『非敢後也，馬不進也。』」

子曰：「不有祝鮀之佞，而有宋朝之美，難乎免於今之世矣。」

此言專為衛靈公發，其事可考也。定之四年，劉文公合諸侯，衛大夫言於靈公曰：「會同難，其使祝鮀從。」鮀辭焉，不獲。劉文公欲以蔡先衛，鮀說萇弘，〔註4〕凡數百言，歷數衛之先康叔有德於周室，弘不能奪，卒言於文公而長衛侯。其維持衛國，鮀實有力焉。宋公子朝與靈公夫人南子宣淫，靈公為南子召宋朝會於洮。太子蒯聵聞野人之歌，羞之，將殺南子，不克，出奔。然則靈公之無道，不得祝鮀之佞才，而有宋朝之美色，安能自免於斯世也？

子曰：「誰能出不由戶？何莫由斯道也？」

子曰：「質勝文則野，文勝質則史。文質彬彬，然後君子。」

子曰：「人之生也直，罔之生也幸而免。」

橫渠曰：「生理直順，則吉凶莫非正也。不直其生者，非幸福於回，則免難於苟也。」

子曰：「知之者不如好之者，好之者不如樂之者。」

子曰：「中人以上，可以語上也；中人以下，不可以語上也。」

樊遲問知。子曰：「務民之義，敬鬼神而遠之，可謂知矣。」問仁。曰：「仁者先難而後獲，可謂仁矣。」

告樊遲之言，前後若出一意。遲之失，在於務功利而欲速也。智非多知之謂，在人之義，知所先務，敬共鬼神，〔註5〕不惑不諂，智之事也。仁非可以襲而取之也，先其所難，以去其私，後其所獲，不計其效，仁之事也。以此而

〔註3〕爾，墨海金壺本、叢書集成初編本作「耳」。
〔註4〕弘，墨海金壺本、叢書集成初編本避諱作「宏」。下同，不出校。
〔註5〕共，叢書集成初編本作「其」。

盡仁智不可，亦不能舍此以求仁智也。

子曰：「知者樂水，仁者樂山；知者動，仁者靜；知者樂，仁者壽。」

樂者，心與之契也。欲學者識仁智之體，故以是形容之。

子曰：「齊一變，至於魯；魯一變，至於道。」

子曰：「觚不觚，觚哉！觚哉！」

宰我問曰：「仁者，雖告之曰『井有仁焉』，其從之也？」〔註6〕子曰：「何為其然也？君子可逝也，不可陷也；可欺也，不可罔也。」

子曰：「君子博學於文，約之以禮，亦可以弗畔矣夫！」

子見南子，子路不說。夫子矢之曰：「予所否者，天厭之！天厭之！」

聖人出處，非諸弟子所能盡識。佛肸、公山弗擾皆畔臣也，召，子皆欲往，而卒不往。夫子於衛靈公，為際可之仕，雖仕於其國，有見小君之禮。南子宣淫，人所不齒，果可見乎？三者皆子路之所疑。夫子所以告子路者，亦皆異其辭。於公山弗擾則曰「吾其為東周乎」，〔註7〕於佛肸則曰「吾豈匏瓜也哉」，東周豈公山弗擾所能為，匏瓜豈所以為聖人之況？當時欲往之意，初不如是，然難以語子路，姑告之以其端爾。惟見南子則曰「矢之」，蓋直以心之精微而告之也。夫有道則存，無道則亡，天之道也。靈公、南子相與為無道，而天未厭絕之，予其敢厭絕之乎？予之所不可者，與天同心也。然惟聖人可以為此，諸弟子則不可為矣。

子曰：「中庸之為德也，其至矣乎！民鮮久矣。」

子貢曰：「如有博施於民而能濟眾，何如？可謂仁乎？」子曰：「何事於仁？必也聖乎！堯、舜其猶病諸！夫仁者，己欲立而立人，己欲達而達人。能近取譬，可謂仁之方也已。」

博施濟眾，乃仁之功用，非仁之本體。以功用為仁，是事於仁也。若事於仁，必也如聖人乎？雖堯、舜亦以為病也。堯、舜何病於此？天下饑，堯、舜能人人食之乎？天下寒，堯、舜能人人衣之乎？親親而仁民，仁民而愛物，堯、舜能以親親者施之於民，以仁民者施之於物乎？是皆不能，堯、舜安得不以為病也？何謂仁？反而求之吾心，推而及於天下，能以己之所欲求人之所

〔註6〕從，文淵閣四庫本作「後」。

〔註7〕弗，文淵閣四庫本作「拂」。

欲，此仁之方也。聖人能指其方以教人，所謂遠者大者，存乎其人之自得爾。「何事於仁」當為斷句，「必也聖乎」當屬下文之意。

述而第七

子曰：「述而不作，信而好古，竊比於我老彭。」

子曰：「默而識之，學而不厭，誨人不倦，何有於我哉？」

子曰：「德之不修，學之不講，聞義不能徙，不善不能改，是吾憂也。」

子之燕居，申申如也，夭夭如也。

子曰：「甚矣吾衰也！久矣吾不復夢見周公！」〔註8〕

時非文、武之時，其不可為周公之事業亦明矣。然天生聖人以善斯世，必以為不可為而忘其憂天下之心，非所謂吉凶與民同患也。一身之有疾，謂其不可療，舉藥石飲食而廢之，非人情也。聖人視天下猶吾一身，天下不得其所，吾身之疾也。其欲行道之心，雖夢寐不忘焉，及其既衰，付之於無如之何爾。程子曰：「存道者心無老少之異，行道者身老則衰矣。」

子曰：「志於道，據於德，依於仁，游於藝。」

子曰：「自行束脩以上，吾未嘗無誨焉。」

子曰：「不憤不啟，不悱不發，舉一隅不以三隅反，則不復也。」

子食於有喪者之側，未嘗飽也。

子於是日哭，則不歌。

子謂顏淵曰：「用之則行，舍之則藏，惟我與爾有是夫！」

子路曰：「子行三軍，則誰與？」子曰：「暴虎馮河，死而無悔者，吾不與也。必也臨事而懼，好謀而成者也。」

子曰：「富而可求也，雖執鞭之士，吾亦為之。如不可求，從吾所好。」

聖人之教人，未嘗數數然也，獨於貧賤富貴則申言之，明告之至道無味，富貴可欲，鮮有不惑於此者。告之以不必求，容有不信；告之以必不可求，則其心安矣。先儒謂高垣墉以禦盜，不若開門發篋，示之以無所有也。

〔註8〕久，墨海金壺本作「入」。

子之所慎：齊，戰，疾。

子在齊聞《韶》，三月不知肉味，曰：「不圖為樂之至於斯也。」

陳，舜之後也。為之後者，得用先代之樂，故舜之樂在陳。自陳敬仲奔齊，其子孫卒篡齊而有之，是以《韶》樂作於齊。夫以揖遜之樂而作於僭竊之國，豈不大可痛惜乎？是宜三月之久不知肉味也。「不圖為樂之至於斯」，斯，此也，指陳氏之僭言之也。

冉有曰：「夫子為衛君乎？」子貢曰：「諾，吾將問之。」入，曰：「伯夷、叔齊何人也？」曰：「古之賢人也。」曰：「怨乎？」曰：「求仁而得仁，又何怨？」出，曰：「夫子不為也。」

子貢之問，非止以夷、齊之遜，欲卜衛君之爭，蓋衛國之事，與孤竹君之事，可以比類而明也。孤竹君欲立叔齊，叔齊以伯夷為長而遜之，伯夷以非父命也而逃之，二人俱不立。國人立其中子。使當時無中子可立，則二子必不使宗國絕祀也。〔註9〕苟宗國有主，〔註10〕二子可以各行其志矣。蒯瞶欲殺南子，不克而出奔。靈公謂公子郢曰：「將立汝。」公卒，夫人命郢為太子，〔註11〕曰：「君命也。」郢辭焉。衛人立輒，晉納蒯瞶，〔註12〕輒拒之。冉有謂蒯瞶得罪於父，不當復入。輒，嫡孫也，宜立。未知拒之是否，故問焉。夫輒之立，非靈公命也。有公子郢在，足以君其國，輒當委其國而逃。若衛人拒蒯瞶而不納，則必立公子郢，輒可以全父子之分矣。諉曰吾國不可無主，吾父不可復見先君於廟，而乃據其國以抗其父，其得罪於夷、齊也大矣。夷、齊之奔，餓死不恤，一則存君父之命，一則念天倫之敘，此求仁而得仁也。子貢以其窮也，而疑其怨。夫仁者之心，循乎天理，天理所安，何怨之有？以夷、齊之窮猶不怨，輒之去國，非至於夷、齊之窮也，何為而不去哉？夫子之不為衛君，即此可知矣。

子曰：「飯蔬食飲水，曲肱而枕之，樂亦在其中矣。不義而富且貴，於我如浮雲。」

使他人言之，必曰不義之富貴，如糞穢，如塗炭，若將浼我，不可一朝居也。聖人惟曰「於我如浮雲」，不義者如此，義者可知。素富貴行乎富貴，未嘗

〔註 9〕祀，文淵閣四庫本作「嗣」。
〔註10〕宗，文淵閣四庫本作「中」。
〔註11〕人，文淵閣四庫本作「子」。
〔註12〕瞶，文淵閣四庫本作「輒」。

與之立敵也。

子曰：「加我數年，五十以學《易》，可以無大過矣。」

《史記》載孔子以哀公十一年反魯，成六藝，晚而喜《易》，序《彖》、《繫》、《象》、《說卦》、《文言》，讀《易》韋編三絕，曰：「假我數年，若是，我於《易》彬彬矣。」是時夫子年幾七十矣，乃知「加」當作「假」，「五十」字必誤也，闕之以俟來者。

子所雅言，《詩》、《書》、執禮，皆雅言也。

葉公問孔子於子路，子路不對。子曰：「女奚不曰『其為人也，發憤忘食，樂以忘憂，不知老之將至云爾。』」

子曰：「我非生而知之者，好古，敏以求之者也。」

子不語怪、力、亂、神。

神怪之事，容或有之，存而不論也。力則不足言，亂則不忍言。

子曰：「三人行，必有我師焉：擇其善者而從之，其不善者而改之。」

善不善在彼，我得之而省察焉，皆我師也，〔註13〕故曰：「他山之石，可以攻玉。」

子曰：「天生德於予，桓魋其如予何？」

子曰：「二三子以我為隱乎？吾無隱乎爾。吾無行而不與二三子者，是丘也。」

子以四教：文，行，忠，信。

子曰：「聖人，吾不得而見之矣；得見君子者，斯可矣。」

子曰：「善人，吾不得而見之矣；得見有恆者，斯可矣。亡而為有，虛而為盈，約而為泰，難乎有恆矣。」

由有常以至善人，善人者，有善之可名也。由善人以至君子，君子者，兼眾善以成名也。由君子以至聖人，聖人者，大而能化也。雖有差等，然皆自有常以進。故有常者，入道之門也。以亡為有，以虛為實，以不足為泰，其心已自滿矣。自滿者，必中道而畫，安能有常乎？不得其上者而與之，故思其次。次可為上也，患不進爾。

〔註13〕也，墨海金壺本、叢書集成初編本作「焉」。

子釣而不綱，弋不射宿。

子曰：「蓋有不知而作之者，我無是也。多聞，擇其善者而從之，多見而識之，知之次也。」

互鄉難與言，童子見，門人惑。子曰：「與其進也，不與其退也，唯何甚？人潔己以進，與其潔也，不保其往也。」

唯何甚，亦曰不為已甚爾，疑其文有闕誤也。

子曰：「仁遠乎哉？我欲仁，斯仁至矣。」

陳司敗問昭公知禮乎，孔子曰：「知禮。」孔子退，揖巫馬期而進之，曰：「吾聞君子不黨，君子亦黨乎？君取於吳，為同姓，謂之吳孟子。君而知禮，孰不知禮？」巫馬期以告。子曰：「丘也幸，苟有過，人必知之。」

非諱國惡而以昭公為知禮，蓋昭公實知禮也。使其不知禮，不諱娶同姓之非而謂之吳孟子矣。惟其知之而故犯之，此其罪為尤甚也。〔註14〕

子與人歌而善，必使反之，而後和之。

子曰：「文，莫吾猶人也。躬行君子，則吾未之有得。」

「文，莫吾猶人也」，舉其所易者，以己同乎人；「躬行君子，則吾未之有得」，歎其所難者，人或異於己。

子曰：「若聖與仁，則吾豈敢？抑為之不厭，誨人不倦，則可謂云爾已矣。」公西華曰：「正唯弟子不能學也。」

子疾病，子路請禱。子曰：「有諸？」子路對曰：「有之。《誄》曰：『禱爾於上下神祇。』」子曰：「丘之禱久矣。」

若曰無愧於神明而不必禱，武王何所愧，而周公為之禱也？若曰鬼神無禱之之理，周公不必禱焉可也。夫子自信周公愛君，不禱者，明正直之義；禱之者，盡拳拳之忠。使子路自致其禱，未必非之；惟其請禱，是以不許也。

子曰：「奢則不孫，〔註15〕儉則固。與其不孫也，〔註16〕寧固。」

子曰：「君子坦蕩蕩，小人長戚戚。」

得失窮達，付之無心。蕩蕩曰坦，無適而不蕩蕩也。未得憂得，既得憂失。

〔註14〕也，武英殿本無，據文淵閣四庫本補。
〔註15〕孫，文淵閣四庫本作「遜」。
〔註16〕孫，文淵閣四庫本作「遜」。

戚戚曰長，無時而不戚戚也。

子溫而厲，威而不猛，恭而安。

善畫者，物有生意，得其神也。弟子之形容夫子，蓋得其神矣。

泰伯第八

子曰：「泰伯，其可謂至德也已矣。三以天下讓，民無得而稱焉。」

至德之為言，不可以有加也。夫子稱至德者二：文王也，泰伯也。以文王為至德，則知湯、武之舉非得已也；以泰伯為至德，則知夷、齊之遜可以疑其怨也。夷、齊父死之後，兄弟相與舍其國而逃，天下皆知二人之為遜，而亦皆知其為孤竹君之失也。泰伯之逃，太王尚在位也。泰伯知季歷之有聖子，足以大周家之業，乃斷髮文身，示不復用。又慮其以次而立仲雍也，則與之俱奔。使季歷之立，若出於當然，太王、季歷皆無可議，世亦不知泰伯之遜以天下，非至德而何？三言遜之之篤，不必泥其數。天下，周之所必有，故不以國言，皆大之之辭也。

子曰：「恭而無禮則勞，慎而無禮則葸，勇而無禮則亂，直而無禮則絞。」

君子篤於親，則民興於仁；故舊不遺，則民不偷。

先儒謂此曾子之言也，脫「曾子曰」三字。

曾子有疾，召門弟子曰：「啟予足！啟予手！《詩》云：『戰戰兢兢，如臨深淵，如履薄冰。』而今而後，吾知免夫！小子！」

曾子有疾，孟敬子問之。曾子言曰：「鳥之將死，其鳴也哀；人之將死，其言也善。君子所貴乎道者三：動容貌，斯遠暴慢矣；正顏色，斯近信矣；出辭氣，斯遠鄙倍矣。籩豆之事，則有司存。」

所貴乎道，其大略可驗者三：曰動，曰正，曰出。是豈無所本也？所存者正，所養者大。一動容貌，則周旋中禮，而粗暴慢易自遠矣；一正顏色，則可親可敬，即此而可示信矣；一出辭氣，則皆中於理，〔註17〕而鄙陋倍戾斯遠矣。遠自遠也，人亦不得以此加之也；近自近也，人亦以此信之也。以是為政，政出於身，而化行矣。彼器用事物之微，則有司存焉。

〔註17〕理，文淵閣四庫本作「禮」。

曾子曰：「以能問於不能，以多問於寡；有若無，實若虛；犯而不校，昔者吾友嘗從事於斯矣。」

曾子曰：「可以託六尺之孤，可以寄百里之命，臨大節而不可奪也，君子人與？君子人也。」

曾子曰：「士不可以不弘毅，任重而道遠。仁以為己任，不亦重乎？死而後已，不亦遠乎？」

曾子之學，以魯得之。魯，篤實也。以篤實之資，而加以三省之功，及其至也，可以輔幼主，可以行國政，雖死生之際，不可得而奪。惟其能任此事，是以能為此言也。弘則所存者大，故能任重；毅則所守者固，故能致遠。弘而不毅則易變，毅而不弘則狹隘。觀此數語，其介如金石，其重如山嶽，諸子未易企及也。

子曰：「興於《詩》，立於禮，成於樂。」

子曰：「民可使由之，不可使知之。」

子曰：「好勇疾貧，亂也。人而不仁，疾之已甚，亂也。」

疾貧，自疾也；疾不仁，疾人也。自疾者必自為亂，疾人者激之使亂。疾猶人之疾病，未有不為害者。

子曰：「如有周公之才之美，使驕且吝，其餘不足觀也已。」

不言周公之德，而曰「之才之美」，蓋有德則必無驕吝之理。有才美而驕吝者，容或有之。驕者自滿，其氣盈；吝者自是，其氣歉，皆客氣也。

子曰：「三年學，不至於穀，〔註18〕不易得也。」

子曰：「篤信好學，守死善道。」

許行、陳相非不篤信，曰好學則未也。召忽、荀息非不守死，曰善道則非也。〔註19〕

「危邦不入，亂邦不居。天下有道則見，無道則隱。邦有道，〔註20〕貧且賤焉，恥也；邦無道，富且貴焉，恥也。」

子曰：「不在其位，不謀其政。」

〔註18〕穀，文淵閣四庫本作「穀」。
〔註19〕非，文淵閣四庫本作「未」。
〔註20〕道，文淵閣四庫本無。

子曰：「師摯之始，《關雎》之亂，洋洋乎盈耳哉！」

樂之卒章曰亂。自衛反魯之時，〔註21〕始與師摯正之，故雅、頌各得其所。託樂師以為言，其正之者實夫子也。惟曰《關雎》，以其為王化之始也。

子曰：「狂而不直，侗而不愿，悾悾而不信，吾不知之矣。」

或過或不及，猶有美質者，猶金之可以鎔範，木之可以矯揉也。其質不美，是特樲棘礫瓦耳，〔註22〕雖聖人無如之何。狂者進取，直則狂可反也。侗者無知，愿則侗可啟也。悾悾者無能，信則無能者可以誘而進也。

子曰：「學如不及，猶恐失之。」

子曰：「巍巍乎！舜、禹之有天下也，而不與焉。」

子曰：「大哉堯之為君也！巍巍乎！唯天為大，唯堯則之。蕩蕩乎！民無能名焉。巍巍乎其有成功也，煥乎其有文章。」

舜有臣五人而天下治。武王曰：「予有亂臣十人。」孔子曰：「才難，不其然乎？唐虞之際，於斯為盛。有婦人焉，九人而已。」

古有才難之語，夫子釋之曰：舜有五人爾，而能致唐虞之治。周有十人爾，而能成周家之業。必如是，然後可以言才。外此不敢輕以才許之，是之謂難也。太姒，武王之母，武王亦臣之乎？曰予者，猶言我國家也。亂，本作乿，古治字也。

三分天下有其二，以服事殷。周之德，其可謂至德也已矣。

所以明武王不得已之心也。

子曰：「禹，吾無間然矣。菲飲食而致孝乎鬼神，惡衣服而致美乎黻冕，卑宮室而盡力乎溝洫。禹，吾無間然矣。」

禹入聖域而不優，雖後世之論，竊意三代之前稱禹者，皆以其功，未必及於德。夫子於論堯、舜、文王之後，特舉禹之盛德推明之，曰：以吾視禹，於數聖人非有間也。飲食、衣服、宮室皆以自奉，禹一不留心焉。其所盡心者，乃在於宗廟朝廷之禮，與夫斯民之利而已。人慾消盡，天理粹然，其視數聖人何間之有哉？

〔註21〕之，文淵閣四庫本作「反」。
〔註22〕樲棘礫瓦，墨海金壺本、叢書集成初編本作「貳棘瓦礫」。

子罕第九

子罕言利與命與仁。

亦嘗言之，特罕言爾。《易》之言利，以吉凶指其所入，若明示以利，則啟其計度之心。不知命無以為君子，使之心有所安，若明示以命，則怠其修為之志。諸子之問仁，皆去其為仁之病，若明示以仁，則難其所入之門。

達巷黨人曰：「大哉孔子！博學而無所成名。」子聞之，謂門弟子曰：「吾何執？執御乎？執射乎？吾執御矣。」

達巷黨人雖稱夫子之大，謂其博學無所成名，則不知其大也。凡可以成名者，一藝一能也。體道在我，由聖而神，是果可名耶？故微示其意曰：若欲有所成名，其執御乎？抑執射乎？二者藝之微，而御之藝尤微也。必執是藝如羿、如王良，斯可以成名矣。其語若謙，其意則深斥達巷黨人之失也。

子曰：「麻冕，禮也；今也純，儉，吾從眾。拜下，禮也；今拜乎上，泰也。雖違眾，吾從下。」

禮有因時而損益者，〔註23〕有以義起者，有稱情而立文者。唯君臣之分，猶天地之定位，亙千萬世而不可易。其從下也，乃從禮也。其意不在純儉，舉純儉以明違眾之心，出於不得已也。

子絕四：毋意，毋必，毋固，毋我。

毋，禁止之辭，猶有心也。子之所絕者，非意、必、固、我也，絕其毋也。禁止之心，絕則化矣。非弟子察識之精，安能知之？

子畏於匡，曰：「文王既沒，文不在茲乎？天之將喪斯文也，後死者不得與於斯文也；天之未喪斯文也，匡人其如予何？」

天即夫子也，夫子即天也。夫子不得行其道於天下，是天無意於斯世，有意於斯文也。

太宰問於子貢曰：「夫子聖者與？何其多能也？」子貢曰：「固天縱之將聖，又多能也。」

子聞之，曰：「太宰知我乎？吾少也賤，故多能鄙事。君子多乎哉？不多也。」

〔註23〕時，文淵閣四庫本作「失」。

牢曰：「子云：『吾不試，故藝。』」

子曰：「吾有知乎哉？無知也。有鄙夫問於我，空空如也，我叩其兩端而竭焉。」

「吾有知乎哉？無知也」，皆發語之疑辭。謂吾有知耶，不能以其知而予人；謂吾無知耶，〔註24〕或有問焉，必以告。然人之問，有倚於一偏者，則隨其偏而救之；〔註25〕有蔽於一隅者，則發其蔽而達之。惟鄙夫之問，非偏也，非蔽也，直空空無所有，泛焉而問也。聖人不以其空空而不告，亦叩擊其兩端，無所不盡焉。言近而至遠者存，言粗而至精者存，上下始末，無不該焉，是之謂兩端。

子曰：「鳳鳥不至，河不出圖，吾已矣夫！」

河圖、鳳鳥出於伏羲、文王之時，畫卦重易，皆有感而作也。夫子為是言，麟猶未出也。西狩獲麟而《春秋》作焉，天之意也，而亦無異於伏羲、文王也。「吾已矣夫」，非決辭也，疑辭也。

子見齊衰者、冕衣裳者與瞽者，見之，雖少，必作；過之，必趨。

顏淵喟然歎曰：「仰之彌高，鑽之彌堅。瞻之在前，忽焉在後。夫子循循然善誘人，博我以文，約我以禮，欲罷不能。既竭吾才，如有所立卓爾。雖欲從之，末由也已。」

不因答問，何以喟然而歎？斯歎也，如開戶牖，如披雲霧，如行者之至，如夢者之覺，蓋不期歎而歎也。鑽仰者，用力之處；堅高者，〔註26〕因用力而有見也。彌高彌堅，力猶未及也；在前在後，莫測其化也。至求之夫子之教，則自有序也。博我以文，致知以窮其理；約我以禮，反己以領其要。由博約以進，欲廢而不能，盡吾心力以求之，然後見其所立之卓爾。向之高堅前後，謂其恍惚不可名也；今之所立卓爾，見其精微之底至也。「雖欲從之，末由也已」，此未達一間也與？

子疾病，子路使門人為臣。病間，曰：「久矣哉，由之行詐也！無臣而為有臣。吾誰欺？欺天乎？且予與其死於臣之手也，無寧死於二三子之手乎！且予縱不得大葬，予死於道路乎？」

〔註24〕耶，文淵閣四庫本作「也」。
〔註25〕救，文淵閣四庫本作「教」。
〔註26〕高，文淵閣四庫本作「高堅」。

子貢曰：「有美玉於斯，韞匵而藏諸？求善賈而沽諸？」子曰：「沽之哉！沽之哉！我待賈者也。」

子欲居九夷，或曰：「陋，如之何？」子曰：「君子居之，何陋之有？」

東方之夷有九，魯可航而至，此與乘桴浮海之義同。或人疑九夷為陋，〔註27〕然箕子封於朝鮮，即九夷之種也。自箕子之化行，其俗知尚禮義，與齊、魯無異，故曰「君子居之，何陋之有」。君子，指箕子言之。

子曰：「吾自衛反魯，然後樂正，《雅》《頌》各得其所。」

惟曰《雅》《頌》，而不言《國風》，非天子不議禮，不作樂。〔註28〕凡播之金石，用之朝廷，用之邦國者，皆天子之《雅》《頌》。而諸侯一國之風，不當播之於樂，是謂禮樂自天子出。夫子未正樂之前，鄭、衛之音皆雜於其間，而《雅》《頌》始亂，是謂禮樂自諸侯出。反魯之後，始語魯太師以樂，曰「各得其所」，惟用《雅》《頌》，播之金石爾。洋洋乎盈耳哉！樂之正也。《關雎》亦風也，何以播之於樂？《周南》所言，皆后妃之德，又為王者之風，與諸國之風不同也。商之詩，自正考父得之，而列於頌。魯祀周公，得用天子之禮樂，亦列於頌。諸國之風，皆非自天子出，鄭、衛之樂，尤其靡者，故深斥之。

子曰：「出則事公卿，入則事父兄，喪事不敢不勉，〔註29〕不為酒困，何有於我哉？」

子在川上，曰：「逝者如斯夫！不舍晝夜。」

程子曰：「此道體也。天運而不已，水流而不息，物生而不窮，皆與道為體，運乎晝夜，未嘗已也。〔註30〕是以君子法之，自強不息，及其至也，純亦不已焉。」

子曰：「吾未見好德如好色者也。」

子曰：「譬如為山，未成一簣，止，吾止也。譬如平地，雖覆一簣，進，吾往也。」

止曰吾止，往曰吾往，〔註31〕作輟成否，豈繫乎人哉？特在吾一念爾。

〔註27〕為，文淵閣四庫本作「以」。

〔註28〕不議禮，不作樂，文淵閣四庫本作「不作樂，不議禮」。

〔註29〕勉，墨海金壺本、叢書集成初編本作「免」。

〔註30〕已，文淵閣四庫本、墨海金壺本、叢書集成初編本作「以」。

〔註31〕往，文淵閣四庫本作「進」。

一念往，則九仞可成；一念廢，則一簣不進。

子曰：「語之而不惰者，其回也與！」

子謂顏淵曰：「惜乎！吾見其進也，未見其止也。」

猶行而未至於室家也，既至則止矣。

子曰：「苗而不秀者有矣夫！秀而不實者有矣夫！」

子曰：「後生可畏，焉知來者之不如今也？四十、五十而無聞焉，斯亦不足畏也已。」

子曰：「法語之言，能無從乎？改之為貴。巽與之言，能無說乎？繹之為貴。說而不繹，從而不改，吾末如之何也已矣。」

子曰：「主忠信，毋友不如己者，過則勿憚改。」

子曰：「三軍可奪帥也，匹夫不可奪志也。」

可奪者所主在人，不可奪者所主在我。

子曰：「衣敝縕袍，與衣狐貉者立，而不恥者，其由也與？『不忮不求，何用不臧？』」子路終身誦之。子曰：「是道也，何足以臧？」

子路強探力取，終不見其有得也。君子之於學，始則必有入也，入則必有得也。得則日進，進則不息。子路聞聖人之譽己也，得「不忮不求」之語，至於誦之終其身。夫不忮不求，特去其私欲之害爾，可以為難，不可以為有得也。終身誦此，無復進矣，尚何望其日新之功乎？

子曰：「歲寒，然後知松柏之後彫也。」

子曰：「知者不惑，仁者不憂，勇者不懼。」

子曰：「可與共學，未可與適道；可與適道，未可與立；可與立，未可與權。」

三千之子皆學於聖人，得所入者蓋寡，未可與適道也。至於可與立者，數人而已。數人之中，顏、閔為之首，然卒不能為聖人之為者，未可與權也。權猶權衡焉，使物之輕重適平而已。程子曰：「漢儒以反經合道為權，故有權變、權術之論，皆非也。權只是經。所不及者，權量輕重，使之合義而已。合義即道也。」

「唐棣之華，偏其反而。豈不爾思？室是遠而。」子曰：「未之思也，夫何遠之有？」

《詩》逸章也。以今《常棣》詩考之，蓋況兄弟也。常棣華鄂相承，故韡韡然。今乃偏其反，而言兄弟之情一偏，遂致反亂天彝也。豈不爾思，未能忘其愛也。室是遠而其情乖隔，胥遠而難合也。夫子歎之曰：兄弟，天倫也。私欲勝而其愛亡，能反吾心而思之，其愛固自若也，夫何遠之有哉？說者以是況反經合道，其失甚矣。案：《注疏》此與上「可與共學」節合為一章，[註32]故此指其失也。[註33]

鄉黨第十

夫子嘗曰：「吾無隱乎爾，吾無行而不與二三子者，是丘也。」諸子聞此語，亦留心於夫子日用之間，故一動靜、一語言、一衣服、一飲食，[註34]莫不諦觀而詳記之。諸子之為學，亦可謂盡心焉耳矣。[註35]雖然，聖人，天也；動靜、語言、飲食、衣服，皆天理之發見也。日月，人知其為臨照；雨露，人知其為沾濡；[註36]雪霜，人知其為凜肅。雖欲繪畫之，形容之，徒記其形似爾。而天之所以為天者，終莫得而見也。諸子之記是書亦悉矣，而諸子之所得，固自有淺深也。生乎千百世之後，而默識聖人於千百世之上，賴有是書爾。「懷而柔之，使自求之；饜而飫之，使自趨之」，吾於是書亦然。

孔子於鄉黨，恂恂如也，似不能言者。其在宗廟朝廷，便便言，唯謹爾。

朝，與下大夫言，侃侃如也；與上大夫言，[註37]誾誾如也。君在，踧踖如也，與與如也。

此記鄉黨、宗廟、朝廷言語進趨之中節也。

君召使擯，色勃如也，足躩如也。揖所與立，左右手，衣前後，襜如也。趨進，翼如也。賓退，必復命曰：賓不顧矣。

此記為擯相之禮也。

入公門，鞠躬如也，如不容。立不中門，行不履閾。過位，色勃如

〔註32〕與，武英殿本無，據文淵閣四庫本補。
〔註33〕也，武英殿本無，據文淵閣四庫本補。
〔註34〕語言，文淵閣四庫本作「言語」。
〔註35〕耳，文淵閣四庫本作「爾」。
〔註36〕沾，指海本作「沽」。
〔註37〕與，指海本作「如」。

也，足躩如也，其言似不足者。攝齊升堂，鞠躬如也，屏氣似不息者。出，降一等，逞顏色，怡怡如也。沒階，趨進，翼如也。復其位，踧踖如也。

此記在朝之容儀也。

執圭，鞠躬如也，如不勝。上如揖，下如授。勃如戰色，足蹜蹜如有循。〔註38〕享禮，有容色。私覿，愉愉如也。

此記聘問鄰國之禮也。

「君子不以紺緅飾，紅紫不以為褻服。」當暑，袗絺綌，必表而出之。緇衣，羔裘；素衣，麑裘；黃衣，狐裘。褻裘長，短右袂。必有寢衣，長一身有半。狐貉之厚以居。去喪，無所不佩。非帷裳，必殺之。羔裘玄冠不以弔。吉月，必朝服而朝。

此篇亦雜以夫子之言，如「君子不以紺緅飾」是也。紺，深青，齊服也。緅，絳色，以飾，練服也。飾，緣領也。〔註39〕衣絺綌於裏，不使汗洽體。〔註40〕為衣以覆其上，謂之表。所表之衣，必出於絺綌之外，使不至見體。此皆記衣服之制也。

齊，必有明衣，布。齊必變食，居必遷坐。

此記齊戒之禮也。

食不厭精，膾不厭細。

凡人之情，粗糲則少食，精細則屬厭。夫子無間於此，食之精，膾之細，未嘗屬厭焉。食，音嗣，飯也。

食饐而餲，魚餒而肉敗，不食。色惡，不食。臭惡，不食。失飪，不食。不時，不食。割不正，不食。不得其醬，不食。

《周禮》：「醬用百二十甕。」〔註41〕釋云：「醯醢也。」凡魚肉皆可為醬，若不得其名，不知用何物為之，故亦不敢食也。

肉雖多，不使勝食氣。唯酒無量，不及亂。

〔註38〕蹜蹜，墨海金壺本、叢書集成初編本作「縮縮」。
〔註39〕緣領，文淵閣四庫本作「領緣」。
〔註40〕為，文淵閣四庫本作「也」。
〔註41〕甕，文淵閣四庫本、墨海金壺本、叢書集成初編本作「甕」。

凡人飲酒，皆度飲量幾何，盡量則止。夫子無多寡之數，惟不及亂爾。〔註42〕容止稍變，志氣稍昏，皆亂也。

沽酒市脯不食。不撤薑食，不多食。

不多食，指薑言之。

祭於公，不宿肉。祭肉不出三日。出三日，不食之矣。

公祭之肉，不敢越宿，敬君賜也。家祭之肉，不過三日，比之公祭，可以留，而亦不可久也。

食不語，寢不言。雖疏食菜羹，瓜祭，必齊如也。

此記飲食寢處之節也。

席不正，不坐。鄉人飲酒，杖者出，斯出矣。鄉人儺，〔註43〕朝服而立於阼階。問人於他邦，再拜而送之。康子饋藥，拜而受之，曰：「丘未達，不敢嘗。」廄焚，子退朝，曰：「傷人乎？」不問馬。

此雜記處己接物之誠敬也。

君賜食，必正席先嘗之。君賜腥，必熟而薦之。君賜生，必畜之。侍食於君，君祭，先飯。疾，君視之，東首，加朝服，拖紳。君命召，不俟駕行矣。入太廟，每事問。

此記事君之禮也。

朋友死，無所歸，曰：「於我殯。」朋友之饋，雖車馬，非祭肉，不拜。

此記交朋友之義也。〔註44〕

寢不尸，居不容。見齊衰者，〔註45〕雖狎，必變。見冕者與瞽者，雖褻，必以貌。凶服者式之。式負版者。有盛饌，必變色而作。迅雷風烈必變。

此記容貌之中節也。

升車，必正立，執綏。車中，不內顧，不疾言，不親指。

〔註42〕惟不及亂爾，文淵閣四庫本作「惟不亂耳」。
〔註43〕儺，文淵閣四庫本作「難」。
〔註44〕交朋友，文淵閣四庫本作「交友」。
〔註45〕衰，文淵閣四庫本、墨海金壺本、叢書集成初編本作「哀」。

此記升車之儀也。

色斯舉矣，翔而後集。曰：「山梁雌雉，時哉時哉！」子路共之，三嗅而作。

雉，文明之鳥也。人有弋之之色，則飛揚而去。其欲集也，必回翔而後下。歎曰「時哉時哉」，言其或飛或下，皆得其時也。嗅，當作歎。

論語意原卷二

論語意原卷三

先進第十一

子曰：「先進於禮樂，野人也；後進於禮樂，君子也。如用之，則吾從先進。」

曰野人，曰君子，蓋當時之人，其言如此。是時文過於質，人亦不知其為過也。自謂前人為質朴，今人為彬彬，欲從先進，所以矯之也。

子曰：「從我於陳、蔡者，皆不及門也。」

陳、蔡之厄，諸弟子為死生患難之所怵迫，多有喪其所守者，是以有不及門之歎。

德行：顏淵，閔子騫，冉伯牛，仲弓。言語：宰我，子貢。政事：冉有，季路。文學：子游，子夏。

夫子嘗有是言，記言者類於此，本不與上文相蒙也。四科十哲，後世之論，非謂門人之賢止於如此，或者因侍側而及之也。

子曰：「回也，非助我者也，於吾言無所不說。」

子曰：「孝哉閔子騫！人不間於其父母昆弟之言。」

人之孝，或信於其家，未必信於人。若閔子，則內外皆信之。

南容三復白圭，孔子以其兄之子妻之。

季康子問：「弟子孰為好學？」孔子對曰：「有顏回者好學，不幸短命死矣，今也則亡。」

顏淵死，顏路請子之車以為之椁。子曰：「才不才，亦各言其子也。鯉也死，有棺而無椁。吾不徒行以為之椁。以吾從大夫之後，不可徒行也。」

從大夫之後，猶言在大夫之列。後，謙辭也。

顏淵死，子曰：「噫！天喪予！天喪予！」

顏淵死，子哭之慟。從者曰：「子慟矣。」曰：「有慟乎？非夫人之為慟而誰為？」

顏淵死，門人欲厚葬之。子曰：「不可。」門人厚葬之。子曰：「回也視予猶父也，予不得視猶子也。非我也，夫二三子也。」

哭之而慟，情性之正也。厚葬不可，義理之正也。顏路之於回，其屬則父子也。夫子之於回，其義亦父子也。「予不得視猶子」，歎厚葬非回之意，且以譏顏路也。

季路問事鬼神。子曰：「未能事人，焉能事鬼？」「敢問死。」曰：「未知生，焉知死？」

子路欲知臨祭祀、交鬼神之義，與夫遇患難處死之道，所問亦未為過。鬼神之情狀，死生之說，於《易》嘗言之矣，乃不對子路之問，何也？蓋夫子之設教也，即顯以見微，未嘗示人以其微也；即粗以求精，未嘗示人以其精也。「祭如在，祭神如神在」，此告人以事鬼神也；「朝聞道，夕死可矣」，此告人以其死也，豈子路未之聞歟？抑聞之而未之思歟？程子曰：「知生之道，則知死之道；盡事人之道，則盡事鬼神之道。死生人鬼，一而二，二而一者也。或言夫子不告子路，此所以深告之也。」

閔子侍側，誾誾如也；子路，行行如也；冉有、子貢，侃侃如也。子樂。「若由也，不得其死然。」

表裏之符，不可掩也。「子樂」下少一曰字，戒之也。剛強者，死之徒。由之行，行固有不得其死之理，然亦以人事驗之。孔悝專衛輒之政，而由也為之臣。蒯瞶在外，必欲求入，以由之勇，不遇亂則已，亂則必死矣。蒯瞶劫孔悝，夫子聞之曰：「柴也其來，由也其死矣。」聖人之言，蓋驗於此。〔註1〕

魯人為長府，閔子騫曰：「仍舊貫，如之何？何必改作？」子曰：「夫人不言，言必有中。」

─────────────

〔註1〕於，文淵閣四庫本作「言」。

　　昭公二十五年，《春秋》書公孫於齊。左氏載公居於長府，伐季氏，既而弗克，如墓謀，公遂奔，終於乾侯。今魯人為長府，豈定、哀之時以先君謀伐之所而再為之乎？抑季氏惡昭公之所居而欲更造乎？是不可得而知也。若止謂傷民費財，欲仍舊貫，凡人皆能言之，不必閔子，而夫子亦不稱之如是之美也，必有深意存焉，不敢強為之說。

　　子曰：「由之瑟奚為於丘之門？」門人不敬子路。子曰：「由也升堂矣，未入於室也。」

　　子貢問：「師與商也孰賢？」子曰：「師也過，商也不及。」曰：「然則師愈與？」子曰：「過猶不及。」

　　子夏之論交，曰：「可者與之，不可者拒之。」子張曰：「於人何所不容？」子夏之失在於淺狹，〔註2〕子張之失在於意廣。或過或不及，皆非中也，非中則其失均也。謝氏曰：「楊、墨之學，意其源流出於二子。」

　　季氏富於周公，而求也為之聚斂而附益之。子曰：「非吾徒也。小子鳴鼓而攻之可也。」

　　旅泰山，不能救之，不以禮事其上也。用田賦，不能止之，不以政事其上也。周公，天子之宰也，一陪臣之富如之，則聚財於私室亦甚矣。求，孔門之徒也，豈嘗為聚斂之學哉？蓋惑於利祿，〔註3〕不知不可則止之義，雖其主之聚斂，亦為之宣力而不辭也。鳴鼓攻之，非特以罪冉有，亦使學者知義利之別也。

　　柴也愚，參也魯，師也辟，由也喭。

　　子曰：「回也其庶乎！屢空。賜不受命，而貨殖焉，億則屢中。」

　　子羔執親之喪，泣血三年，未嘗見齒，其心雖無偽，必有固而不通者。曾參三省吾身，至於任重而道遠，皆自魯而得之。子張堂堂而辟，由也行行而喭。辟，迂而過也；喭，易其言也。四子皆失之偏，偏去則空，空則無所倚著。回也其庶於此乎，曰屢空，猶有所未空，與不遠復之同。若子貢之失，在於不受命，命猶夷。子曰命之矣，謂賜於夫子之教命，〔註4〕猶未能受，徒聚聞見，以為己得聚之多，如貨殖焉。以其聞見，而億度亦能屢中其中也，非空空然洞見至理，故有時而不中也。此皆極諸子之失而警悟之。參之魯，賜之億度，乃

<hr />

〔註2〕狹，墨海金壺本、叢書集成初編本作「隘」。
〔註3〕惑，文淵閣四庫本作「學」。
〔註4〕教，文淵閣四庫本作「賜」。

初學之事，一貫之理，皆以語之，蓋二人已忘其初矣。〔註5〕

子張問善人之道。子曰：「不踐跡，亦不入於室。」

子曰：「論篤是與？君子者乎？色莊者乎？」案：《注疏》此兩節亦合為一章。

子張好為苟難而失之過，故以踐跡告之。跡者，循是以進也。禮儀三百，威儀三千，待其人然後行。若曰三百、三千皆跡也，欲舍是而徑造其奧，皆狂者之所為也。色莊者，不踐履其實也。君子者，躬行而不務外也。論其篤實而與之，抑與君子乎？抑與色莊乎？言必與君子，此又因子張而言也。

子路問：「聞斯行諸？」子曰：「有父兄在，如之何其聞斯行之？」冉有問：「聞斯行諸？」子曰：「聞斯行之。」公西華曰：「由也問聞斯行諸，子曰『有父兄在』；求也問聞斯行諸，子曰『聞斯行之』。赤也惑，敢問。」子曰：「求也退，故進之；由也兼人，故退之。」

事已中理，不暇稟命，必曰有父兄在，不幾於固乎？事有可疑，不可不稟命，必曰聞斯行之，不幾於專乎？二者之對，若失之偏。其偏也，乃所以矯二子之偏也。子路不患其固而患其專，冉求不患其專而患其固。抑其所過，勉其不及，聖人之善教也。

子畏於匡，顏淵後。子曰：「吾以女為死矣。」曰：「子在，回何敢死？」

後非相失而適在後，若奔而殿，所以擁護夫子而觀其死生也。使夫子誠死於匡人，〔註6〕顏子亦死之乎？兄弟之讎不反兵，交遊之讎不同國，況回之於夫子乎？然謂回何敢死，則是死生不在匡人而在顏子也。蓋匡人之欲加害者，止在夫子而不在顏子，故顏子之死生得自為之所也。

季子然問：「仲由、冉求可謂大臣與？」子曰：「吾以子為異之問，曾由與求之問。所謂大臣者，以道事君，不可則止。今由與求也，可謂具臣矣。」曰：「然則從之者與？」〔註7〕子曰：「弒父與君，亦不從也。」

子路使子羔為費宰。子曰：「賊夫人之子。」子路曰：「有民人焉，有社稷焉，何必讀書，然後為學？」子曰：「是故惡夫佞者。」

〔註5〕忘，文淵閣四庫本作「忌」。
〔註6〕死，文淵閣四庫本作「害」。
〔註7〕之，文淵閣四庫本作「子」。

言足以折人之口，而不足以服人之心，皆佞也，非德言也。

子路、曾晳、冉有、公西華侍坐。子曰：「以吾一日長乎爾，毋吾以也。居則曰：『不吾知也。』如或知爾，則何以哉？」子路率爾而對曰：「千乘之國，攝乎大國之間，加之以師旅，因之以饑饉，由也為之，比及三年，可使有勇，且知方也。」夫子哂之。「求！爾何如？」對曰：「方六七十，如五六十，求也為之，比及三年，可使足民。如其禮樂，以俟君子。」「赤！爾何如？」對曰：「非曰能之，願學焉。宗廟之事，如會同，端章甫，願為小相焉。」「點！爾何如？」鼓瑟希，鏗爾，舍瑟而作，對曰：「異乎三子者之撰。」子曰：「何傷乎？亦各言其志也。」曰：「莫春者，春服既成，冠者五六人，童子六七人，浴乎沂，風乎舞雩，詠而歸。」夫子喟然歎曰：「吾與點也！」三子者出，曾晳後。曾晳曰：「夫三子者之言何如？」子曰：「亦各言其志也已矣。」曰：「夫子何哂由也？」曰：「為國以禮，其言不讓，是故哂之。」「唯求則非邦也與？」「安見方六七十，如五六十，而非邦也者？」「唯赤則非邦也與？」「宗廟會同，非諸侯而何？赤也為之小，孰能為之大？」

子路、冉有、公西華之言志，皆言其才也。才有分量，用之則窮。若曾晳者，非無可為之才也，舍是而不言，而乃優游於聖門之中，寓志趣於高遠之地，其氣象蓋帝王之世泰和中人物也。晳之失在狂，未必盡窺聖人之閫奧，然其所養與三子絕異，是以深與之。子路勃然矜其所長，行行之，發見也。冉求以禮樂俟君子，公西赤不以為能，願學焉。其言遜，其氣平，異於由之可哂，視曾晳之鼓瑟希，鏗爾，舍瑟而作，固有間矣。「唯求則非邦也與」，「唯赤則非邦也與」，皆曾點之問，〔註8〕上各少一曰字。「安見方六七十」以下、「宗廟會同」以下，皆夫子之對，上亦各少一曰字。

顏淵第十二

顏淵問仁。子曰：「克己復禮為仁。一日克己復禮，天下歸仁焉。為仁由己，而由人乎哉？」顏淵曰：「請問其目。」子曰：「非禮勿視，非禮勿聽，非禮勿言，非禮勿動。」顏淵曰：「回雖不敏，請事斯語矣。」

力勝之之謂克，中於理之謂禮。人之一身，私欲易熾，惟用力克去之，則無一不中乎理。復者，反其初也。仁者，吾心之天，本然之德也。用力既到，一日

〔註8〕點，文淵閣四庫本作「晳」。

而覺，則天下皆在吾仁之中矣。曰克己，曰由己，己雖同，而由克之義異。己者，我也。私欲生於我，為仁亦在於我。潤下，水也；覆溺，亦水也。燔炙，火也；燎原，亦火也。潤下、燔炙，水火之正性；覆溺、燎原，非其正也。程子曰：「非禮處便是私意。既是私意，如何得仁？須是克盡己私，皆歸於禮，方始是仁。」又曰：「顏淵問克己復禮之目，夫子曰：『非禮勿視，非禮勿聽，非禮勿言，非禮勿動。』四者，身之用也。由乎中而應乎外，制之於外，所以養其中也。」

仲弓問仁。子曰：「出門如見大賓，使民如承大祭。己所不欲，勿施於人。〔註9〕在邦無怨，在家無怨。」仲弓曰：「雍雖不敏，請事斯語矣。」

敬以持己，恕以行之，亦克己復禮之異名也。「在邦無怨，在家無怨」，恕之驗也。程子曰：「『出門如見大賓，使民如承大祭』，看其氣象，便須心廣體胖，動容周旋中禮。〔註10〕惟謹獨，便是守之之法。」或問：出門使民之時，如此可也。未出門使民之時，如何？曰：此儼若思時也，有諸中而後見於外。觀其出門使民之時，其敬如此，則未然之前，敬可知矣，非因出門使民而後有此敬也。

司馬牛問仁。子曰：「仁者，其言也訒。」曰：「其言也訒，斯謂之仁已乎？」子曰：「為之難，言之得無訒乎？」

其言之也易，其蓄之也不深，必不能用力於仁也。程子曰：「雖為司馬牛，多言而躁，故及之。然聖人之言，亦止此為是。」

司馬牛問君子。子曰：「君子不憂不懼。」曰：「不憂不懼，斯謂之君子已乎？」子曰：「內省不疚，夫何憂何懼？」

牛之兄，桓魋也，故多憂懼。此言雖為牛設，然不憂，仁也；不懼，勇也。仁且勇，雖死生之變，〔註11〕怡然處之，非君子而何？

司馬牛憂曰：「人皆有兄弟，我獨亡。」子夏曰：「商聞之矣：死生有命，富貴在天。君子敬而無失，與人恭而有禮。四海之內，皆兄弟也。君子何患乎無兄弟也？」

「死生有命，富貴在天」，此得之所聞，無可訾者。曰「四海之內，皆兄弟也」，君子雖能恭敬，安能使四海之內皆為兄弟乎？此言幾於二本，學者

〔註 9〕人，墨海金壺本、叢書集成初編本作「仁」。
〔註10〕旋，文淵閣四庫本作「旅」。
〔註11〕死生，文淵閣四庫本作「生死」。

宜察之。〔註 12〕

子張問明。〔註 13〕子曰：「浸潤之譖，膚受之愬，不行焉，可謂明也已矣。浸潤之譖，膚受之愬，不行焉，可謂遠也已矣。」

形容小人之情狀，無若聖人之言。凡譖愬者，使其正言之，人人皆識之矣。惟其便僻側媚，〔註 14〕入人以漸，雖智者或不察也。水之浸潤，不暴而易深；膚之受垢，無形而易入。於此不行焉，可謂明矣。明不足言也，可謂遠矣。害正殖邪，〔註 15〕召禍產亂，皆譖愬者之為也。消之於未萌，折之於方來，非遠而何？

子貢問政。子曰：「足食，足兵，民信之矣。」子貢曰：「必不得已而去，於斯三者何先？」曰：「去兵。」子貢曰：「必不得已而去，〔註 16〕於斯二者何先？」曰：「去食。自古皆有死，民無信不立。」

道有經有權。夫子之設教，經而已矣。至於權一時之輕重而求通焉，此則存乎人之善用其言爾。兵、食必不可去，而視信為可去，欲人以死守信也。孟子論禮色之輕重，嫂溺援之以手，皆言權也。權而合宜，無害於經，蓋於夫子之教而求通也。

棘子成曰：「君子質而已矣，何以文為？」子貢曰：「惜乎！夫子之說君子也，駟不及舌。文猶質也，質猶文也。虎豹之鞟猶犬羊之鞟。」

棘子成之言以矯當時文勝之弊，子貢之言以救棘子成一偏之失。質之不可以無文，猶文之不可無質，故曰質猶文也，文猶質也。必曰「質而已矣，何以文為」，則君子、小人無以辨矣，故曰「虎豹之鞟猶犬羊之鞟」。鞟，無文也。然則夫子之從先進與子成之言奚以異乎？夫子之從先進，非從其野也，當時之人以為野也；不從後進，非不從君子也，當時之人自以為君子也。棘子成一偏之言異乎夫子之言也。「質猶文也」之下疑有闕文。〔註 17〕

哀公問於有若曰：「年饑，用不足，如之何？」有若對曰：「盍徹乎？」曰：「二，吾猶不足，如之何其徹也？」對曰：「百姓足，君孰與不足？百姓不足，君孰與足？」

〔註 12〕宜，文淵閣四庫本無。
〔註 13〕明，文淵閣四庫本作「仁」。
〔註 14〕僻，墨海金壺本、叢書集成初編本作「辟」。
〔註 15〕邪，文淵閣四庫本、墨海金壺本、叢書集成初編本作「邢」。
〔註 16〕墨海金壺本、叢書集成初編本無「子貢曰必」。
〔註 17〕之，指海本作「以」。

自初稅畝,已行什二之法矣。年饑不足,而教之徹,〔註18〕無乃太迂乎?古者民之財即上之財,民之力即上之力也。上無兵也,以民為兵。〔註19〕車乘,民所出也;芻粟,民所供也;板幹力役,皆民所為也。上能寬其賦斂,則民得其生,無曠土,無閒民,出力以供其上者必眾,何患其不足也?不恤其困而厚取之,則室家離矣,田萊荒矣。下無以供上,而上之所取者愈悉,是猶鑿垣之址而培其高,以是而求足,何自而能足乎?善富國者,務藏於民,未有民富而其上貧也。

子張問崇德辨惑。子曰:「主忠信,徙義,崇德也。愛之欲其生,惡之欲其死。既欲其生,又欲其死,是惑也。『誠不以富,亦祇以異。』」

德者,本心之正理;惑者,私心之妄見。二者東西之相反。子張之問,既欲崇正理,又欲去妄見,其問亦切矣。無乃堂堂之失,於此有覺乎?主忠信,所守者誠實也;徙義捨非,從是也。所存若是,德何自而不崇?好惡,私情也;死生,天命也。以在我之私情妄意,在人之天命,其惑莫甚焉。富,益也。誠不見其分毫之益,祇以為異爾。

齊景公問政於孔子,孔子對曰:「君君,臣臣,父父,子子。」公曰:「善哉!信如君不君,臣不臣,父不父,子不子,雖有粟,吾得而食諸?」

君君臣臣,父父子子,深中景公之大病也。陳氏厚施而民歸之,齊君擁虛器爾,君不君,臣不臣也。景公夫人生子,未冠而死,庶姜之子荼嬖,諸大夫恐其為太子也,言於公曰:「君之齒長矣,未有太子,若之何?」公曰:「二三子亦姑謀樂,何憂乎無君?」其後陽生入齊,荼見弒於陳乞,父不父,子不子也。君臣父子皆失其道,景公徒善其言,終不能用,此所以死之日,民無得而稱焉也。

子曰:「片言可以折獄者,其由也與?」子路無宿諾。

子曰:「聽訟,吾猶人也,必也使無訟乎!」

子路囿於夫子之言者三,夫子皆隨其失誨之。「乘桴浮於海,從我者,其由與」,子路聞之而遽喜,夫子誨之曰:「無所取材。」一也。「衣敝縕袍,與衣狐貉者立,而不恥者,其由也與」,子路遂以不忮不求之語為終身之誦,夫子誨之曰:「何足以臧。」二也。「片言可以折獄者,其由也與」,子路聞之而

〔註18〕之,文淵閣四庫本作「子」。
〔註19〕為,文淵閣四庫本作「無」。

不敢宿諾。案何晏注：「宿，豫也。恐臨時多故，故不敢豫諾。」此蓋本其說。夫子誨之曰：「聽訟，吾猶人也，必也使無訟乎。」三也。子路於力行則勇矣，於自得則未也。得聖人之言而不得其所以言，由之謂與？

子張問政。子曰：「居之無倦，行之以忠。」

居之無倦，在我者誠；行之以忠，臨民者信。子張之色莊，必未足於誠信也。

子曰：「博學於文，約之以禮，亦可以弗畔矣夫！」

子曰：「君子成人之美，不成人之惡。小人反是。」

視人之善，猶己之善，故開導誘掖以成之；視人之惡，猶己之有疾，故規戒掩覆以止之。小人蓋反是也。

季康子問政於孔子。孔子對曰：「政者，正也。子帥以正，孰敢不正？」

季康子患盜，問於孔子。孔子對曰：「苟子之不欲，雖賞之不竊。」

季康子問政於孔子曰：「如殺無道，以就有道，何如？」孔子對曰：「子為政，焉用殺？子欲善而民善矣。君子之德風，小人之德草。草上之風，必偃。」

季康子三問，對以「子帥以正」，又對以「苟子之不欲」，又對以「子為政，焉用殺」，此三子字，不可不玩味也。季氏專魯久矣，凡魯之民，莫不畏其威，稟其令。子患不正爾，子正，則其誰不從？子患不寡欲爾，子寡欲，則其誰為盜？子為政，何用殺也？子欲善，而民皆善矣。魯之民，惟子是視，事半於他人，而功必倍之，惟季氏為然也。奪嫡子之位，而上僭於魯，果帥以正乎？富於周公，而用田賦，果能不欲乎？無故伐邾，而囚其君，果能不殺而為善乎？皆所以警其失也。

子張問：「士何如斯可謂之達矣？」子曰：「何哉，爾所謂達者？」子張對曰：「在邦必聞，在家必聞。」子曰：「是聞也，非達也。夫達也者，質直而好義，察言而觀色，慮以下人。在邦必達，在家必達。夫聞也者，色取仁而行違，居之不疑。在邦必聞，在家必聞。」

行而人莫不信，達也；名譽昭著於時，聞也。夫有其實者，必有其名，聞亦無害於達也。何以深非之？蓋子張之所謂聞者，以求名之心先之也。苟惟有

心於名，必至務外而忘內，違道以干譽，非所謂達也。惟能誠實而合於義，知人而守之以謙，則無往而不達。既達而聞隨之，亦無惡於聞矣。此夫子意也，文辭之所不及也。

　　樊遲從遊於舞雩之下，曰：「敢問崇德、修慝、辨惑。」子曰：「善哉問！先事後得，非崇德與？攻其惡，無攻人之惡，非修慝與？一朝之忿，忘其身，以及其親，非惑與？」

　　遲急於功利，能以三者為問，必自覺其非矣，故善之。遲與冉求俱臣於季氏。齊師伐魯，季孫禦之。冉求帥左師，管周父御，樊遲為右。季孫曰：「須也弱。」冉有曰：「就用命焉，師不踰溝。」遲請三刻踰之，眾從之，魯師敗而奔。夫不以季氏為非而事之，急於得也；力弱而欲用命，逞其忿也。即此觀之，則工於責人，怒於責己，亦遲之失也。

　　樊遲問仁。子曰：「愛人。」問知。子曰：「知人。」樊遲未達。子曰：「舉直錯諸枉，能使枉者直。」樊遲退，見子夏曰：「鄉也吾見於夫子而問知，子曰『舉直錯諸枉，能使枉者直』，何謂也？」子夏曰：「富哉言乎！舜有天下，選於眾，舉皋陶，不仁者遠矣。湯有天下，選於眾，舉伊尹，不仁者遠矣。」

　　問仁告以愛人，問知告以知人，其理甚明，遲之未達，何也？遲謂仁智一體也，愛人則無所擇，知人未免於擇焉，二者若不相為用也。〔註20〕夫子告以「舉直錯諸枉，能使枉者直」，〔註21〕遲又意夫子止言智而不及仁，〔註22〕是以問於子夏，子夏本夫子之意推明之，然後遲之惑解。聖人之於小人，非欲絕之也，化之而已。殛鯀放驩兜，非聖人之本心，既以為難，又以為畏，蓋未免於傷吾仁也。舜選於眾而舉皋陶，皋陶用而不仁者遠；湯選於眾而舉伊尹，伊尹用而不仁者遠。遠非舜、湯遠之也，仁者在上，不仁者自無所容其革而化也，皆若遠去也。選眾而舉賢，智也；舉賢而使不賢者化，仁也。仁智異名而同歸，此子夏所謂富哉之言也。

　　子貢問友。子曰：「忠告而善道之，不可則止，毋自辱焉。」
　　曾子曰：「君子以文會友，以友輔仁。」

〔註20〕若，文淵閣四庫本作「吾」。
〔註21〕者，文淵閣四庫本作「也」。
〔註22〕止，指海本作「之」。

子路第十三

子路問政。子曰：「先之，勞之。」請益。曰：「無倦。」

先之則民知所從，勞之則民知所勸。子路猶以為未足而請益焉，勇之過也。勇於有為，其退必速，故以無倦告之。

仲弓為季氏宰，問政。子曰：「先有司，赦小過，舉賢才。」曰：「焉知賢才而舉之？」曰：「舉爾所知。爾所不知，人其舍諸？」

仲弓德足以化乎人，所務者在持大體而已。

子路曰：「衛君待子而為政，〔註23〕子將奚先？」子曰：「必也正名乎！」子路曰：「有是哉，子之迂也！奚其正？」子曰：「野哉，由也！君子於其所不知，蓋闕如也。名不正則言不順，言不順則事不成，事不成則禮樂不興，禮樂不興則刑罰不中，刑罰不中則民無所措手足。故君子名之必可言也，言之必可行也。君子於其言，無所苟而已矣。」

夫子為衛國之政，若何而正其名？輒之立，非先君之命，舉國以歸於父可也，委國而逃焉亦可也。請命於天子方伯而立公子郢，亦足全父子之分也。今乃據國而拒其父，天下豈有無父之國哉？子路謂輒已為君矣，安有棄其國之理？故以正名為迂也。夫名之不正，極其至，使民無所措手足。子路欲舍正名而為政，將立事乎？興禮樂乎？清刑罰乎？其名之不正，是數者皆不可以為也。野言其鄙也。惟其智識之鄙，故於其所不知，不能闕疑，而為是苟且之言也。言之苟，則無所不苟。子路事輒不去，卒罹其難，皆生於苟也。

樊遲請學稼。子曰：「吾不如老農。」請學為圃。曰：「吾不如老圃。」樊遲出。子曰：「小人哉，樊須也！上好禮，則民莫敢不敬；上好義，則民莫敢不服；上好信，則民莫敢不用情。夫如是，則四方之民襁負其子而至矣，焉用稼？」

異端之學，必有源流。樊遲請學稼圃，即許行君民並耕之學也。行之學自謂出於神農。夫子之時，其說雖未熾，樊遲得之，亦以為神農之學，故欲學稼學圃，而不屬民以自養也。不然，則士而不仕，欲躬稼圃之事，亦未為過。聖人不應深斥之，而亦不必及於上好信、好義、好禮也。孟子得信義禮之說，而推明之曰「勞心治人」，又曰「堯、舜之治天下，豈無所用其心哉？

〔註23〕子，文淵閣四庫本作「之」。

亦不用於耕耳」。「小人哉，樊須也」，〔註24〕即孟子所謂「有大人之事，有小人之事」也。

子曰：「誦《詩》三百，授之以政，不達；使於四方，不能專對；雖多，亦奚以為？」

子曰：「其身正，不令而行；其身不正，雖令不從。」

子曰：「魯、衛之政，兄弟也。」

衛之政，父不父，子不子；魯之政，君不君，臣不臣。卒之衛出公以父子之難而出奔，魯哀公以三桓之難而終於越，因其為兄弟之國，故歎其衰亂亦不相遠也。

子謂衛公子荊，「善居室。始有，曰：『苟合矣。』少有，曰：『苟完矣。』富有，曰：『苟美矣。』」

子適衛，冉有僕。子曰：「庶矣哉！」冉有曰：「既庶矣，又何加焉？」曰：「富之。」曰：「既富矣，又何加焉？」曰：「教之。」

子曰：「苟有用我者，期月而已可也，三年有成。」

干戈相尋，生齒凋喪，惟衛之民稍眾，故喜之也。夫子往反適衛者五，豈以其國猶庶且富，可以有為乎？靈公卒不用之，故曰「如有用我者，期月而已可也，三年有成」。可者，大體舉也；成者，政教行而民俗變也。

子曰：「『善人為邦百年，亦可以勝殘去殺矣。』誠哉是言！」

古有此語，所以申言之，蓋有意也。〔註25〕周自平王東遷，諸侯力爭，殆無虛月，民之困於傷殘殺戮者，二百餘年矣。有王者作，能朝諸侯而一天下，僅可已其亂，至於勝殘去殺，雖使善人為之，非百年相繼之久，必不能致。此所以歎當世之習亂，而痛斯民未有反古之日也。

子曰：「如有王者，必世而後仁。」

與上意同。世，繼世也。周自文、武至於成、康，〔註26〕而後刑措，其事可睹也。

子曰：「苟正其身矣，於從政乎何有？不能正其身，如正人何？」

〔註24〕須，文淵閣四庫本作「邇」。
〔註25〕有，文淵閣四庫本、墨海金壺本、叢書集成初編本作「省」。
〔註26〕周自文武至於成康，文淵閣四庫本作「周自文至武於成康」。

冉子退朝。子曰：「何晏也？」對曰：「有政。」子曰：「其事也。如有政，雖不吾以，吾其與聞之。」

定公問：「一言而可以興邦，有諸？」孔子對曰：「言不可以若是其幾也。人之言曰：『為君難，為臣不易。』如知為君之難也，不幾乎一言而興邦乎？」曰：「一言而喪邦，有諸？」孔子對曰：「言不可以若是其幾也。人之言曰：『予無樂乎為君，唯其言而莫予違也。』如其善而莫之違也，不亦善乎？如不善而莫之違也，不幾乎一言而喪邦乎？」

定公之問，夫子之對，皆有深意。三桓之僭，至定公之時極矣，四分公室而有之。魯君惴惴之心，無日不在三桓也，欲得一言可以興邦，故問焉。夫子知其意，惟曰言不可以若是其易，惟幾近則有之。夫三桓之專，非一朝一夕之故。民，其民也；國，其國也，一旦而欲決去之，亦難矣。人有常言，皆曰「為君難，為臣不易」，如知為君之難，兢業以持之，深密以謀之，審度以行之，此近於可以興邦也。定公又以喪邦為慮，復以一言為問。夫為君者有言焉，則樂人之從己。如其善而人從之，固善也。不善之謀，必人之我從，其亦近於可以喪邦也。委曲致意，深而不泄，所以存全定公也。至哀公不勝其忿，欲以諸侯而去三桓，遂奔於越。夫子之言，驗於此矣。

葉公問政。子曰：「近者說，遠者來。」

子夏為莒父宰，問政。子曰：「無欲速，無見小利。欲速則不達，見小利則大事不成。」

程子曰：「子張問政，子曰：『居之無倦，行之以忠。』子夏問政，子曰：『無欲速，無見小利。』子張常過高而未仁，子夏之病常在於近小，故各以切己之事告之。」

葉公語孔子曰：「吾黨有直躬者，其父攘羊，而子證之。」孔子曰：「吾黨之直者異於是：父為子隱，子為父隱，直在其中矣。」

循理為直，未有逆天理而可以為直者。

樊遲問仁。子曰：「居處恭，執事敬，與人忠。雖之夷狄，不可棄也。」

子貢問曰：「何如斯可謂之士矣？」子曰：「行己有恥，使於四方，不辱君命，可謂士矣。」曰：「敢問其次。」曰：「宗族稱孝焉，鄉黨稱弟焉。」曰：「敢問其次。」曰：「言必信，行必果，硜硜然小人哉！抑亦可以為次矣。」曰：「今之從政者何如？」子曰：「噫！斗筲之人，何

足算也？」

賜之言語，足以專對，未必能不辱君命，故因其問士而告之。「今之從政者何如」，〔註27〕蓋有所指而言也。若泛言之，不應皆目之為斗筲之人矣。〔註28〕「小人哉」，或曰「人」當為「之」。

子曰：「不得中行而與之，必也狂狷乎！狂者進取，狷者有所不為也。」

子曰：「南人有言曰：『人而無恒，不可以作巫醫。』善夫！」「不恒其德，或承之羞。」子曰：「不占而已矣。」

苟中於理，不以南人而廢其言也。「不常其德，或承之羞」，《易》之言也。凡《易》之言於吉凶有占焉，〔註29〕若無常之取羞，不必占而可知，再加以「子曰」，以別《易》之言也。

子曰：「君子和而不同，小人同而不和。」

子貢問曰：「鄉人皆好之，何如？」子曰：「未可也。」「鄉人皆惡之，何如？」子曰：「未可也。不如鄉人之善者好之，其不善者惡之。」

閹然媚於世，或皆好之；特立獨行，或皆惡之。曰鄉人，眾辭也，眾之好惡特未定也。惟鄉人之善者好之，則其人必善類也；鄉人之不善者惡之，則其人必不入於惡也。聖人察人之善惡，如是其審也。

子曰：「君子易事而難說也。說之不以道，不說也；及其使人也，器之。小人難事而易說也。說之雖不以道，說也；及其使人也，求備焉。」

子曰：「君子泰而不驕，小人驕而不泰。」

子曰：「剛、毅、木、訥，近仁。」

子路問曰：「何如斯可謂之士矣？」子曰：「切切偲偲，怡怡如也，可謂士矣。朋友切切偲偲，兄弟怡怡。」

切切，情切至也。偲偲，交相勉也。怡怡，和樂也。兄弟非不切偲，以和樂為主；朋友非不和樂，以切偲為主。以待朋友者施之兄弟則傷愛，以處兄弟者施之朋友則非忠，是以別白言之。

〔註27〕者，文淵閣四庫本無。
〔註28〕目之為，墨海金壺本、叢書集成初編本作「目為」。
〔註29〕有，文淵閣四庫本作「者」。

子曰：「善人教民七年，亦可以即戎矣。」

子曰：「以不教民戰，是謂棄之。」

謝氏曰：「教之使民親其上，死其長，如子弟之衛父兄，手足之捍心腹，以此戰也，其克必矣。不然，則棄之之道也。」

憲問第十四

憲問恥。子曰：「邦有道，穀；〔註30〕邦無道，穀，〔註31〕恥也。」

夫子於狂者之過，則抑而就之；於狷者之不及，則挽而進之。原憲甘心貧賤，固知恥矣，猶以恥為問，將以求正於夫子也。夫子知其必不仕於無道之邦，故以邦有道無道並言之，使之知所用舍，不於有道之邦而為憤世之行也。當世之士，不擇其有道無道而皆食其祿，是則誠可恥矣。

「克、伐、怨、欲不行焉，可以為仁矣？」子曰：「可以為難矣，仁則吾不知也。」

克，勝心也；伐，矜心也；怨，忿心也；欲，貪心也。四者皆為仁之病也。能知其為病而不行，固亦難矣，然仁之本體則未之見也。

子曰：「士而懷居，不足以為士矣。」

子曰：「邦有道，危言危行；邦無道，危行言孫。」

邦雖無道，苟有言責，守死盡言可也。在我有不必言，言之而無所補，君子當孫其言焉。孫非諛說詭隨之謂，不訐直以取禍也。

子曰：「有德者必有言，有言者不必有德；仁者必有勇，勇者不必有仁。」

南宮适問於孔子曰：「羿善射，奡盪舟，俱不得其死然。禹、稷躬稼而有天下。」夫子不答。南宮适出，子曰：「君子哉若人！尚德哉若人！」

恃勢力以求勝於人，人不可勝，乃至於喪其身；躬耕稼以利乎人，不自求利，乃至於有天下。南宮适之所見如此，故以為問，夫子不答。當時辭色之間，已默予之矣，又慮此意之未明，故於适之出，稱其為尚德君子也。

子曰：「君子而不仁者有矣夫，未有小人而仁者也。」

〔註30〕穀，文淵閣四庫本作「穀」。
〔註31〕穀，文淵閣四庫本作「穀」。

子曰：「愛之，能勿勞乎？忠焉，能勿誨乎？」〔註32〕

成人之美者，不當徇其私情也。

子曰：「為命，裨諶草創之，世叔討論之，行人子羽修飾之，東里子產潤色之。」

鄭介於晉、楚之間，事晉則楚伐之，事楚則晉伐之，鄭之被二國之兵者不知幾年矣。自簡公十二年用子產為卿，又十年授子產以政，歷定、獻、聲公凡五十年，鄭未嘗有晉、楚之師。當是之時，一辭命之不善，而強國之師已壓境矣。子產用是三人者草創之，討論之，修飾之，既成而子產潤色之，故能交鄰事大，解紛息暴。辭之不可已如是，是以深與之。

或問子產。子曰：「惠人也。」

問子西。曰：「彼哉！彼哉！」

子產作田賦，鑄刑書，當時亦譏之。然其為政也，都鄙有章，上下有服，田有封洫，廬井有伍，夫子明其用心在於愛民而已，故曰「惠人也」。所謂「猶眾人之母，能食之，不能教之」，其夫子之微意乎？楚、鄭皆有子西，此必鄭子西也。案：子西，馬融注亦云鄭大夫。或人因夫子言鄭之多賢，〔註33〕故以子產、子西為問，以二人同聽鄭國之政者也。子西殺子孔而盡分其室，尉止之禍，不儆而出，臣妾多逃，器用多喪，其視子產之政，固有間矣。「彼哉！彼哉」，若曰未可與子產同論也。

問管仲。曰：「人也，奪伯氏駢邑三百，飯蔬食，沒齒無怨言。」

奪邑不當其罪，而能不怨，則受奪者為賢；奪邑而當其罪，能使人不怨，則奪之者為賢。曰「人也」，猶言如此人亦可也，謂其合人心之公也。

子曰：「貧而無怨難，富而無驕易。」

貧而無怨，樂天之事；富而無驕，自守者能之。

子曰：「孟公綽為趙、魏老則優，不可以為滕、薛大夫。」

子路問成人。子曰：「若臧武仲之知，公綽之不欲，卞莊子之勇，冉求之藝，文之以禮樂，〔註34〕亦可以為成人矣。」

〔註32〕能勿，文淵閣四庫本作「勿能」。
〔註33〕之，文淵閣四庫本作「子」。
〔註34〕指海本無「以」字。

臧武仲以智稱，作虛器，祀爰居，其智未能窮理而不惑也。孟公綽以不欲稱，不可以為滕、薛大夫，其不欲未能推以及物也。卞莊子以勇稱，觀刺虎之事，非仁者之勇也。冉求以藝稱，觀聚斂之事，非有德之藝也。夫子樂於成人之善，不欲言其所不足也，惟曰「文之以禮樂」。禮，品節也；樂，和順也。兼四子之所長，有所品節而合於和順，亦可以為成人矣。亦之為言，非其至也。

曰：「今之成人者何必然？見利思義，見危授命，〔註35〕久要不忘平生之言，亦可以為成人矣。」

此皆子路之所長也。以「何必然」三字觀之，必子路之言也。子路之客氣未能消除，其為勇也，激之則發。聞夫子稱顏子之行藏，〔註36〕則曰：「子行三軍，則誰與？」今稱四子而不及子路，故勃然而言曰：「今之成人者何必然？」不聞夫子之答，以示不與之之意也。

子問公叔文子於公明賈曰：「信乎，夫子不言，不笑，不取乎？」公明賈對曰：「以告者過也。夫子時然後言，人不厭其言；樂然後笑，人不厭其笑；義然後取，人不厭其取。」子曰：「其然？豈其然乎？」

子曰：「臧武仲以防求為後於魯，〔註37〕雖曰不要君，吾不信也。」

武仲之請，其辭甚遜，當時未有言其非者。夫子正其要君之罪，《春秋》誅意之法也。

子曰：「晉文公譎而不正，齊桓公正而不譎。」

橫渠曰：「重耳婉而不直，小白直而不婉。」此語極有意味。夫桓、文之霸，非有意於尊周室也，特假是以號令諸侯耳。孟子察見其用心，故每每非之。夫子忠厚之心，不欲正言其失，惟微示其意。若曰齊、晉之事，不甚相遠也，但文公行之以婉，齊桓行之以直爾。召王河陽，責楚不貢，此特一事也。餘皆類此。

子路曰：「桓公殺公子糾，召忽死之，管仲不死。」曰：「未仁乎？」子曰：「桓公九合諸侯，不以兵車，管仲之力也。如其仁！如其仁！」

子貢曰：「管仲非仁者與？桓公殺公子糾，不能死，又相之。」子曰：

〔註35〕授，文淵閣四庫本作「受」。
〔註36〕藏，文淵閣四庫本作「臧」。
〔註37〕武，文淵閣四庫本作「文」。

「管仲相桓公，霸諸侯，一匡天下，民到於今受其賜。微管仲，吾其被髮左衽矣。豈若匹夫匹婦之為諒也，自經於溝瀆而莫之知也。」

死固人之所難，然不貴於必死也。義所當死，君子死之，可以無死，死則傷勇。召忽之死，匹夫匹婦之諒也。子路之意，以召忽之死為仁，管仲不死為未仁。夫子對以「如其仁，如其仁」，〔註38〕謂召忽不如管仲之仁也。程子曰：「桓公，兄也；子糾，弟也。仲私於所事，輔之以爭國，非義也。桓公殺之雖過，而糾之死實當。仲始與之同謀，遂與之同死，可也；知輔之爭國為不義，自免以圖後功，亦可也。故聖人不責其死而稱其功。《春秋》書之，亦曰『公伐齊，納糾』，不書子，不當立也；『齊小白入於齊』，繫之齊，當有齊也。若使桓弟而糾兄，仲之所輔者正，桓奪其國而殺之，乃仲不同世之讎也。必計其後功，而與其事桓，則聖人之言，無乃害義之甚。王珪、魏徵之從太宗，後雖有功，何足贖哉？」

公叔文子之臣大夫僎，與文子同升諸公。子聞之，曰：「可以為文矣。」〔註39〕

子言衛靈公之無道也，康子曰：「夫如是，奚而不喪？」孔子曰：「仲叔圉治賓客，祝鮀治宗廟，王孫賈治軍旅。夫如是，奚其喪？」

夫子適衛者五，常有眷眷之意，亦以靈公雖無道，而用人各當其才，庶幾可與有為也。喪，失位也。

子曰：「其言之不怍，則為之也難。」

陳成子弒簡公。孔子沐浴而朝，告於哀公曰：「陳恒弒其君，請討之。」公曰：「告夫三子。」孔子曰：「以吾從大夫之後，不敢不告也。君曰『告夫三子』者。」之三子告，不可。孔子曰：「以吾從大夫之後，不敢不告也。」

魯無王命，亦可討乎？曰弒君之賊，夫人得討之也。討之而後請命於天子方伯，亦可也。或謂夫子之意在於警三子也，夫請討固所以警三子也，謂止欲警三子而意不在於討，則不可也。是時夫子已不仕於魯矣，以嘗為大夫而食其祿，是以雖去位，不忘憂國之心。後世為身謀者，諉曰「不在其位，不謀其政」，此不解聖人之言，且不識聖人之心也。程子曰：「《左氏》載孔子之言曰：『陳

〔註38〕對，指海本作「答」。
〔註39〕文，文淵閣四庫本作「聞」。

恒弒其君，民之不予者半。以魯之眾，加齊之半，〔註40〕可克也。』此非孔子之言，誠若此，是以力不以義也。若孔子之志，必將正名其罪，上告天子，下告方伯，而率與國以討之。至於所以勝齊者，蓋孔子之餘事，豈計魯人之眾寡哉？當是時，天下之亂極矣，因是足以正之，〔註41〕周室其復興乎！魯之君臣終不從之，可勝惜哉！」

子路問事君。子曰：「勿欺也，而犯之。」

子曰：「君子上達，小人下達。」

一物一事，皆具上下之理。

子曰：「古之學者為己，今之學者為人。」

以為己之心先之，成己所以成物也；以為人之心先之，務外必至忘內也。程子曰：「為己欲得之於己，為人欲見知於人。」

蘧伯玉使人於孔子，孔子與之坐而問焉，曰：「夫子何為？」對曰：「夫子欲寡其過而未能也。」使者出。子曰：「使乎！使乎！」

子曰：「不在其位，不謀其政。」

曾子曰：「君子思不出其位。」

子曰：「君子恥其言而過其行。」

子曰：「君子道者三，我無能焉：仁者不憂，知者不惑，勇者不懼。」子貢曰：「夫子自道也。」

子貢方人。子曰：「賜也賢乎哉？夫我則不暇。」

「賜也賢乎哉」，以責人為能也。「夫我則不暇」，以責己為急也。二者之得失，相去遠矣。

子曰：「不患人之不己知，患其不能也。」

子曰：「不逆詐，不億不信，抑亦先覺者，是賢乎？」

先事而測之之謂逆，以意而度之之謂億，皆智之鑿也。人之欺己，世固有之，必曰不逆不億而受之，亦幾於愚矣，惟先覺乃賢也。先覺者，智之行乎所無事也。

〔註40〕加，叢書集成初編本作「如」。
〔註41〕之，文淵閣四庫本作「人」。

微生畝謂孔子曰：「丘何為是栖栖者與？無乃為佞乎？」孔子曰：「非敢為佞也，疾固也。」

子曰：「驥不稱其力，稱其德也。」

或曰：「以德報怨，何如？」子曰：「何以報德？以直報怨，以德報德。」

有德不報，非義也；以德報怨，非誠也。

子曰：「莫我知也夫！」子貢曰：「何為其莫知子也？」子曰：「不怨天，不尤人，下學而上達。知我者，其天乎！」

大道為公，天人一致。堯、舜、禹、湯、文、武、周公，天知之，人亦知之。大道既隱，天人相違。求合於人者，必違於天；求合於天者，必違於人。不怨天，不尤人，知天人之相違也。下學人事，上達天理，與天為一也。夫既與天為一矣，是宜人之不我知也。

公伯寮愬子路於季孫。子服景伯以告，曰：「夫子固有惑志於公伯寮，吾力猶能肆諸市朝。」子曰：「道之將行也與，命也；道之將廢也與，命也。公伯寮其如命何！」

子曰：「賢者辟世，其次辟地，其次辟色，其次辟言。」

子曰：「作者七人矣。」

一時之言，不可考其人也。橫渠曰：「伏羲、神農、黃帝、堯、舜、禹、湯，製法興王之道，非有述於人者也。」

子路宿於石門。晨門曰：「奚自？」子路曰：「自孔氏。」曰：「是知其不可而為之者與？」

子擊磬於衛。有荷蕢而過孔氏之門者，曰：「有心哉，擊磬乎！」既而曰：「鄙哉，硜硜乎！莫己知也，斯己而已矣。深則厲，淺則揭。」子曰：「果哉，末之難矣。」

子張曰：「《書》云：『高宗諒陰，三年不言。』何謂也？」子曰：「何必高宗，古之人皆然。君薨，百官總己以聽於冢宰三年。」

子曰：「上好禮，則民易使也。」

子路問君子。子曰：「修己以敬。」曰：「如斯而已乎？」曰：「修己以安人。」曰：「如斯而已乎？」曰：「修己以安百姓。修己以安百姓，

堯、舜其猶病諸？」

堯、舜何病於此也？一夫之不得其所，一事之累吾仁，堯、舜之所憂也。三苗逆命，未免徂征，堯、舜豈不以為病乎？

原壤夷俟。子曰：「幼而不孫弟，長而無述焉，老而不死，是為賊。」以杖叩其脛。

原壤，夫子之故人也。母死而歌，其諸以禮為小謹乎？踞見夫子，挾故也。以賊斥之，而又以杖叩之，亦以其為故人而誨之，且謹亂世之源也。聖人之接物，各稱其情而已。惡之而遜其辭，外之也，遇陽虎是也。惡之而斥其罪，親之也，遇原壤是也。叩其脛，使斂其夷踞之狀也。

闕黨童子將命。或問之曰：「益者與？」子曰：「吾見其居於位也，見其與先生並行也。非求益者也，欲速成者也。」

論語意原卷三〔註42〕

〔註42〕三，墨海金壺本作「四」。

論語意原卷四

衛靈公第十五

衛靈公問陳於孔子，孔子對曰：「俎豆之事，則嘗聞之矣；軍旅之事，未之學也。」明日遂行。

靈公誠有意於用夫子，雖問陳，可以對也。必其禮貌辭色已無用之之意，是以因問陳而遂行。

在陳絕糧，從者病，莫能興。子路慍見曰：「君子亦有窮乎？」子曰：「君子固窮，小人窮斯濫矣。」

子曰：「賜也，女以予為多學而識之者與？」對曰：「然，非與？」曰：「非也，予一以貫之。」

一貫之理，惟語曾子、子貢而已。語曾子者其辭簡，語子貢者其辭詳。曾子聞之而默會，子貢聞之而致疑。二子之所得，可見於此。

子曰：「由！知德者鮮矣。」

合在「窮斯濫矣」之下。

子曰：「無為而治者，其舜也與？夫何為哉？恭己正南面而已矣。」

子張問行。子曰：「言忠信，行篤敬，雖蠻貊之邦，行矣。言不忠信，行不篤敬，雖州里，行乎哉？立則見其參於前也，在輿則見其倚於衡也，夫然後行。」子張書諸紳。

子張務外者也，故於問干祿、問行，皆以言行告之。寡尤寡悔，告之淺也；忠信篤敬，告之深也。子張之學，亦少進矣，不然，不能書諸紳也。

子曰：「直哉史魚！邦有道，如矢；邦無道，如矢。君子哉蘧伯玉！邦有道，則仕；邦無道，則可卷而懷之。」

名之曰直，止於直而已。名之曰君子，非有所偏也。天下之理，未有獨立而無對者，故有屈必有伸，有闔必有闢，然後通行而無弊。蘧伯玉邦有道則仕，邦無道亦可卷而懷之，以其非偏也。史魚直則直矣，雖欲卷而懷之，而不可得，以其倚於偏也。史魚之死，猶以屍諫，況於生乎？其直可取，語道則未也。

子曰：「可與言而不與之言，失人；不可與言而與之言，失言。知者不失人，亦不失言。」

子曰：「志士仁人，無求生以害仁，有殺身以成仁。」

志士不以死生為懼，仁人則明死生之理，可以死，可以無死，惟曰不懼，或未免於徒死，苟息、子路是也。惟仁人之心，天理昭融，見之之明，處之之審，其死也必可成吾仁也，故以志士仁人兼言之。

子貢問為仁。子曰：「工欲善其事，必先利其器。居是邦也，事其大夫之賢者，友其士之仁者。」

顏淵問為邦。子曰：「行夏之時，乘殷之輅，服周之冕，樂則韶舞。放鄭聲，遠佞人。鄭聲淫，佞人殆。」

回所問者為邦，乃告以四代之禮樂，回可為帝王之佐也。誠使回得帝王而佐之，正朔必用夏之時，輅冕必用商、周之制，樂舞必用帝舜之韶，果能為虞、夏，為商、周乎？使虞、夏、商、周之治不出於此，則帝王之盛甚易為，夫人皆能為之，何必回也？此在學者深求其意可也。夫子自謂用舍行藏與回無間，回之可為帝王之事業，固有素蘊，不必告也。告以四代禮樂之文，蓋以是立萬世之則，所以為帝王之盛者，不止此也。夫樂以象一代之治也，英章濩武，未始相沿，必取韶舞者，以是明禮樂之正，且明商、周之不得已也。商、周以子、丑為正，不若夏之建寅協於天時為正也。周以象章金玉為輅，不若商之木輅甚簡而質為正也。夏、商之冕未備，不若周之五冕皆有等殺為正也。《大武》之樂，發揚蹈厲，總干而山立，一成而滅商，再成而南國是疆。惟舜之樂舞，無非揖遜之容。韶，其正也；武，其變也。正者，德之盛，萬世可法也；變者，不得已，有湯、武之志則可也。橫渠曰：「禮樂，治之法也。放鄭聲，遠佞人，法外意也。一日不謹，則法壞矣。虞、夏君臣更相戒飭，意蓋如此。」

子曰：「人無遠慮，必有近憂。」

大寒而索衣裘，近憂也，所以有是。近憂生於未寒，而慮之不遠。

子曰：「已矣乎！吾未見好德如好色者也。」

子曰：「臧文仲其竊位者與！知柳下惠之賢而不與立也。」

臧文仲當時以賢稱，他人不足責也。

子曰：「躬自厚而薄責於人，則遠怨矣。」

先儒云：以責人之心而責己，以責己之心而責人，遠怨矣。

子曰：「不曰『如之何，如之何』者，吾末如之何也已矣。」

「如之何，如之何」者，急遽無所處之辭也。夫子未嘗為是言，事至於此，無所用其力也。起福於未形，消禍於未萌，其聖人用智之所乎。

子曰：「群居終日，言不及義，好行小慧，難矣哉！」

子曰：「君子義以為質，禮以行之，孫以出之，信以成之。君子哉！」

此論君子之立事也。義者，宜也，謂合於人心，當於物理也。必以是為質幹，然後品節其輕重高下以行之，雍容遜順以出之，純篤誠實以終之。不動則已，動則有成，非君子而何？

子曰：「君子病無能焉，不病人之不己知也。」

子曰：「君子疾沒世而名不稱焉。」

子曰：「君子求諸己，小人求諸人。」

子曰：「君子矜而不爭，群而不黨。」

矜疑於爭，敬以直內，故不爭；群疑於黨，義以方外，故不黨。

子曰：「君子不以言舉人，不以人廢言。」

子貢問曰：「有一言而可以終身行之者乎？」子曰：「其恕乎！己所不欲，勿施於人。」

子貢欲不以人所不欲者而加諸人，則曰「非爾所及」。子貢方人，則曰「我則不暇」。子貢之初年，必不足於恕，不恕則物我為二，烏可以入道？及以一言終身可行為問，必已領其要矣。晚年之所得，其基於此。

子曰：「吾之於人也，誰毀誰譽？如有所譽者，其有所試矣。斯民也，三代之所以直道而行也。」

周道如砥，其直如矢。君子所履，小人所視。此思古之詩也。周衰之時，不復見此道，惟從事於毀譽。夫子以身明之曰：吾之於人，未嘗有毀譽也。如有所譽者，非過情之譽也，皆有所試也。是道也，即三代之民所以直道而行者也。以斯民為言，見古者習俗之皆然，且歎後世之在上者，曾古者斯民之不若也。

子曰：「吾猶及史之闕文也。有馬者借人乘之，今亡矣夫！」

橫渠曰：「魯禮文闕失，不以仲尼正之，如有馬者不借人以乘習。不曰『禮文』而曰『史之闕文』者，祝史所任，儀章器數而已，舉近者而言約也。」案：包咸注：「有馬不能調良，則借人乘習之，以喻闕文，以待知者。」橫渠之說蓋本此。

子曰：「巧言亂德，小不忍，則亂大謀。」

子曰：「眾惡之，必察焉；眾好之，必察焉。」

子曰：「人能弘道，非道弘人。」

人有知覺，故能擴充是道。道本無為，非能擴充人也。

子曰：「過而不改，是謂過矣。」

子曰：「吾嘗終日不食，終夜不寢，以思，無益，不如學也。」

子曰：「君子謀道不謀食。耕也，餒在其中矣；學也，祿在其中矣。君子憂道不憂貧。」

子曰：「知及之，仁不能守之，雖得之，必失之。知及之，仁能守之，不莊以涖之，則民不敬。知及之，仁能守之，莊以涖之，動之不以禮，未善也。」

知者，吾心之明也；仁者，吾心之誠也。明足以見之，誠不足以守之，雖得而必失也。能見能守而臨民不莊，是雖得於中而無以嚴於外，則不足起人之敬矣。三者備矣，有所施為而不中節，雖未至大失，亦不可為盡善。

子曰：「君子不可小知，而可大受也；小人不可大受，而可小知也。」

君子如滄溟焉，無所不容，可以大受也；測之而益深，不可小知也。小人如潢潦焉，置舟則膠，不可大受也；深不過尋丈，可以小知也。

子曰：「民之於仁也，甚於水火。水火，吾見蹈而死者矣，未見蹈仁而死者也。」

民，凡民也。智不足以有明，力不足以有行，其於為仁，則逡巡退縮，若有所畏，蓋甚於水火也。夫水能溺，火能焚，蹈之則死，必逡巡退縮焉可也。蹈仁不至於死，何所畏而不為乎？所以深曉之也。

子曰：「當仁，不讓於師。」

方其未覺，必資於師；及其既覺，覺無先後。

子曰：「君子貞而不諒。」

貞謂正而不變也，不變則幾於諒矣，其不可為諒者。貞，守正也；諒，硜硜也。惟其近似，是以辨。

子曰：「事君，敬其事而後其食。」

子曰：「有教無類。」

子曰：「道不同，不相為謀。」

子曰：「辭達而已矣。」

古者辭甚約而理無不該，後世辭甚富而去道愈遠。

師冕見，及階，子曰：「階也。」及席，子曰：「席也。」皆坐，子告之曰：「某在斯，某在斯。」師冕出。子張問曰：「與師言之道與？」子曰：「然，固相師之道也。」

堯、舜之鰥寡無虐，不廢困窮；三王之泣辜祝網，政必先四者，皆此心之用也。

季氏第十六

季氏將伐顓臾，冉有、季路見於孔子曰：「季氏將有事於顓臾。」孔子曰：「求，無乃爾是過與？夫顓臾，昔者先王以為東蒙主，且在邦域之中矣，是社稷之臣也，何以伐為？」

以一顓臾而與冉求辨論，反覆幾三百言，蓋有深意也。立國以屏翰王室，為之附庸以屏翰諸侯，上下相維持之勢固然也。周之先王封顓臾於東蒙山之下，使之主祭祀，蓋為魯之附庸也。三家之強，各分魯國以為己有，顓臾在邦域之中，魯所藉以為助也。季氏又將並顓臾而有之，是欲孤魯也。顓臾存則魯存，顓臾亡則魯亡，是顓臾為魯社稷之臣。由、求不知此意，夫子知之而力爭之，非存顓臾也，蓋存魯也；非折由、求也，蓋折季氏不臣之心也。卒不聞季

氏之伐顓臾，無乃夫子得行其言歟？〔註1〕

　　冉有曰：「夫子欲之，吾二臣者皆不欲也。」孔子曰：「求！周任有言曰：『陳力就列，不能者止。』危而不持，顛而不扶，則將焉用彼相矣？且爾言過矣。虎兕出於柙，龜玉毀於櫝中，是誰之過與？」冉有曰：「今夫顓臾，固而近於費。今不取，後世必為子孫憂。」孔子曰：「求！君子疾夫舍曰欲之而必為之辭。丘也聞有國有家者，不患寡而患不均，不患貧而患不安。蓋均無貧，和無寡，安無傾。夫如是，故遠人不服，則修文德以來之。既來之，則安之。今由與求也，相夫子，遠人不服，而不能來也；邦分崩離析，而不能守也，而謀動干戈於邦內。吾恐季孫之憂，不在顓臾，而在蕭牆之內也。」

　　季氏之不臣，夫子洞見其必然，不欲斥言之，惟喻之以理，懼之以勢，而深折其欲為之心爾。有國家者不患民之寡，患在亡上下之分而至於不均也；不患財之乏，患在失上下之心而至於不安也。均則民志定，定則不貧；和則民志一，一則不寡。不貧不寡則安矣，安則不傾。此喻之以理也。謂顓臾近於費，而或為子孫之憂乎？〔註2〕季氏子孫之憂蓋不在顓臾也。諸侯僭天子，則大夫奪之；大夫僭諸侯，則陪臣奪之，勢之所必至也。季氏之僭魯甚矣，陽虎、公山不狃相繼以畔，豈在於顓臾？蓋在蕭牆之內爾。此懼之以勢也。夫子存魯之心切切如此，宜深味之。

　　孔子曰：「天下有道，則禮樂征伐自天子出；天下無道，則禮樂征伐自諸侯出。自諸侯出，蓋十世希不失矣；自大夫出，五世希不失矣；陪臣執國命，三世希不失矣。天下有道，則政不在大夫；天下有道，則庶人不議。」

　　以諸侯而專天子之政，諸侯非不強也，而乃失之於大夫；以大夫而專諸侯之政，大夫非不強也，而乃失之於陪臣。始之奪也以力，終之失也以理。力無常也，理必至也。力之眾者，其失也遲；力之寡者，其失也速。

　　孔子曰：「祿之去公室五世矣，政逮於大夫四世矣，故夫三桓之子孫微矣。」

　　公子遂殺惡及視而立宣公，遂專宣公之政，至定公之時五世矣。自季文子

〔註1〕歟，文淵閣四庫本、墨海金壺本、叢書集成初編本作「與」。
〔註2〕而為，文淵閣四庫本、墨海金壺本、叢書集成初編本作「而或為」。

—86—

逐公子遂，至武子專魯國之政，歷悼、平、桓，蓋四世矣。桓子為陽虎所執，而陪臣執國政，三桓之孫，其微可知矣。

孔子曰：「益者三友，損者三友。友直，友諒，友多聞，益矣。友便辟，友善柔，友便佞，損矣。」

直能攻我之短，諒能成我之信，多聞能博我之識，益也。便辟納我於邪，善柔惟我是從，便佞導我以諛，〔註3〕損也。

孔子曰：「益者三樂，損者三樂。樂節禮樂，樂道人之善，樂多賢友，益矣。樂驕樂，樂佚遊，樂宴樂，損矣。」

樂者，人之所喜也。益者三，樂於私情為逆；損者三，樂於私欲為順。節禮樂，則動欲中理，必逆其自便之情；道人之善，則掩己所長，必逆其自矜之情；多賢友，則相與切磋，必逆其自是之情。凡逆吾私情者，皆益也。驕樂也，佚遊也，宴樂也，其趨之也，如水之順下。凡順吾私欲者，皆損也。

孔子曰：「侍於君子有三愆：言未及之而言謂之躁，言及之而不言謂之隱，未見顏色而言謂之瞽。」

用力於謹言修辭之地，致察於處人接物之際，尚何愆之有哉？

孔子曰：「君子有三戒：少之時，血氣未定，戒之在色；及其壯也，血氣方剛，戒之在鬭；及其老也，血氣既衰，戒之在得。」

人資血氣以有生，而亦為血氣之所使。君子知血氣之不常，故立志以攝之，窮理以勝之。雖血氣有少壯衰老之異，所以攝之勝之者不為其所奪，是以終身由於義理，而血氣莫之能使也。

孔子曰：「君子有三畏：畏天命，畏大人，畏聖人之言。小人不知天命而不畏也，狎大人，侮聖人之言。」

不畏天命，則以人而滅天；不畏大人，則以下而陵上；不畏聖人之言，則以愚而自專。

孔子曰：「生而知之者，上也；學而知之者，次也；困而學之，又其次也；困而不學，民斯為下矣。」

孔子曰：「君子有九思：視思明，聽思聰，色思溫，貌思恭，言思忠，事思敬，疑思問，忿思難，見得思義。」

〔註3〕佞，文淵閣四庫本作「闌」。

孔子曰：「見善如不及，見不善如探湯。吾見其人矣，吾聞其語矣。隱居以求其志，行義以達其道。吾聞其語矣，未見其人也。齊景公有馬千駟，死之日，民無德而稱焉。伯夷、叔齊餓於首陽之下，民到於今稱之。其斯之謂與！」

見善如不及，有志於善也；見不善如探湯，未免於嘗試也。夫厥疾不瘳，〔註4〕則元氣未必固；去惡不果，則善心易以亡。君子有志於善，必力去不善以成之。不然，則好善之心終為不善之所勝也。齊景公聞夫子君君臣臣、父父子子之言，則深善之；聞晏子惟禮可以為國之言，則又善之。見善如不及也，知陳氏之僭，不能已其僭；知子荼之嬖，不能忘其嬖。見不善如探湯也，景公悠悠於善惡之間，是以死之日，雖有馬千駟，民無德而稱焉。夷、齊之隱居，至於舍國而逃，所以遂求仁之志也；其行義也，至於叩馬而諫，所以達萬世之道也。二人果於自信，勇於力行，是以餓死首陽，民到於今稱之。夫子於景公蓋見其人矣，於夷、齊則不見其人也。因其有是語，而證之以其人，故以「其斯之謂與」結之。程氏《易解》謂：「古之言未與不字同，如勸齊伐燕，有諸曰未也。」〔註5〕

陳亢問於伯魚曰：「子亦有異聞乎？」對曰：「未也。嘗獨立，鯉趨而過庭。曰：『學《詩》乎？』對曰：『未也。』『不學《詩》，無以言。』鯉退而學《詩》。他日，又獨立，鯉趨而過庭。曰：『學禮乎？』對曰：『未也。』『不學禮，無以立。』鯉退而學禮。聞斯二者。」陳亢退而喜曰：「問一得三，聞《詩》，聞禮，又聞君子之遠其子也。」

邦君之妻，君稱之曰夫人，夫人自稱曰小童。邦人稱之曰君夫人，稱諸異邦曰寡小君。異邦人稱之亦曰君夫人。〔註6〕

此記禮者之言，必夫子亦嘗稱之也。

陽貨第十七

陽貨欲見孔子，孔子不見，歸孔子豚。孔子時其亡也，而往拜之，遇諸塗。謂孔子曰：「來！予與爾言。」曰：「懷其寶而迷其邦，可謂仁乎？」曰：「不可。好從事而亟失時，可謂知乎？」〔註7〕曰：「不可。

〔註4〕不，指海本作「弗」。
〔註5〕諸，文淵閣四庫本作「語」。
〔註6〕君夫人，文淵閣四庫本作「君夫人人」。
〔註7〕知，墨海金壺本、叢書集成初編本作「智」。

日月逝矣，歲不我與。」孔子曰：「諾。吾將仕矣。」

　　味此一節，可識聖人之氣象。見惡人而不避，遇暴慢而不爭，必往拜以致其禮，時其亡以權其宜，對之之辭甚直而不傷，待之之色甚和而不狎，自非從容中道，安能若此？貨雖責夫子以不仕，未嘗明言仕於貨也。貨雖有不遜之心，蓋已聞言而潛消矣。

　　子曰：「性相近也，習相遠也。」

　　子曰：「唯上知與下愚不移。」

　　程子曰：「此言氣質之性，非言性之本也。若言其本，性即是理，理無不善，孟子之言性善是也，何相近之有？」

　　子之武城，聞弦歌之聲。夫子莞爾而笑，曰：「割雞焉用牛刀？」子游對曰：「昔者偃也聞諸夫子曰：『君子學道則愛人，小人學道則易使也。』」子曰：「二三子！偃之言是也，前言戲之耳。」

　　夫子警策諸弟子，〔註8〕每每如此。使子游轉徙於聖人之言，非自得之學也。前言非戲也，託戲以實之也。

　　公山弗擾以費畔，召。子欲往，子路不說，曰：「末之也已，何必公山氏之之也？」子曰：「夫召我者，而豈徒哉？如有用我者，吾其為東周乎？」

　　公山弗擾執季桓子以叛，其私執之耶？抑為魯執之耶？是未可知也。其召夫子也，欲挾之以為亂耶？欲用之以尊魯耶？亦未可知也。召之欲往，不遽絕之也；欲往而不往，觀其所處也。東周非叛臣所能為也，以吾心之精微，難以語人，姑以平日所存之心語之也。

　　子張問仁於孔子。孔子曰：「能行五者於天下，為仁矣。」「請問之。」曰：「恭，寬，信，敏，惠。恭則不侮，寬則得眾，信則人任焉，敏則有功，惠則足以使人。」

　　問仁而告之以求諸內可也，〔註9〕今告以能行五者於天下，〔註10〕無乃求之於外與？蓋子張務外者也，因其務外也，而以能行五者告之。若曰行於外者皆本於中，其中歉焉，而求之於天下，未見其可也。欲不侮，必本於恭；欲得

〔註8〕夫，墨海金壺本作「天」。
〔註9〕之，文淵閣四庫本無。
〔註10〕於天下，文淵閣四庫本作「之於天下」。

眾，必本於寬；欲人任，〔註11〕必本於信；欲有功，必本於敏；欲使人，必本於惠。張也欲務外乎？求諸外而未能不侮，未能得眾，未能人任，未能有功，而使人，則在我者必有所不足也。張也以是求之，則心不外馳，斯可以言仁，所以深救其務外之失也。

佛肸召，子欲往。子路曰：「昔者由也聞諸夫子曰：『親於其身為不善者，君子不入也。』佛肸以中牟畔，子之往也，如之何？」子曰：「然，有是言也。不曰堅乎，磨而不磷；不曰白乎，涅而不緇。吾豈匏瓜也哉？焉能繫而不食？」

子曰：「由也，女聞六言六蔽矣乎？」對曰：「未也。」「居，吾語女。好仁不好學，其蔽也愚；好知不好學，其蔽也蕩；好信不好學，其蔽也賊；好直不好學，其蔽也絞；好勇不好學，其蔽也亂；好剛不好學，其蔽也狂。」

子曰：「小子何莫學夫《詩》？《詩》，可以興，可以觀，可以群，可以怨。邇之事父，遠之事君；多識於鳥獸草木之名。」

子謂伯魚曰：「女為《周南》、《召南》矣乎？人而不為《周南》、《召南》，其猶正牆面而立也與？」

子曰：「禮云禮云，玉帛云乎哉？樂云樂云，鍾鼓云乎哉？」

子曰：「色厲而內荏，〔註12〕譬諸小人，其猶穿窬之盜也與？」

厲，其偽也；荏，其真也。內欺諸心，〔註13〕外欺諸人，穿窬之類也。

子曰：「鄉愿，〔註14〕德之賊也。」

子曰：「道聽而途說，德之棄也。」

無所得而竊其名，故曰賊；有所聞而不蓄諸己，故曰棄。

子曰：「鄙夫可與事君也與哉？其未得之也，患得之；既得之，〔註15〕患失之。苟患失之，無所不至矣。」

子曰：「古者民有三疾，今也或是之亡也。古之狂也肆，今之狂也蕩；

〔註11〕人任，文淵閣四庫本作「任人」。
〔註12〕荏，文淵閣四庫本作「任」。
〔註13〕心，文淵閣四庫本作「身」。
〔註14〕愿，武英殿本作「原」，據文淵閣四庫本改。
〔註15〕得，文淵閣四庫本無。

古之矜也廉，今之矜也忿戾；古之愚也直，今之愚也詐而已矣。」

子曰：「巧言令色，鮮矣仁。」

子曰：「惡紫之奪朱也，惡鄭聲之亂雅樂也，惡利口之覆邦家者。」

子曰：「予欲無言。」子貢曰：「子如不言，則小子何述焉？」子曰：「天何言哉？四時行焉，百物生焉，天何言哉？」

知天之無言，則知聖人之不必有言。天雖無言，觀四時之行，百物之生，斯可以知天。聖人雖不言，觀無行不與二三子者，斯可以知聖人。求之於言，知之末也；求之於不言，知之深也。

孺悲欲見孔子，孔子辭以疾。將命者出戶，取瑟而歌，使之聞之。

於絕之之中，不忘教之之理。聖人之心，如天地之不棄物也，其仁矣哉。

宰我問：「三年之喪，期已久矣。君子三年不為禮，禮必壞；三年不為樂，樂必崩。舊穀既沒，新穀既升，鑽燧改火，期可已矣。」子曰：「食夫稻，衣夫錦，於女安乎？」曰：「安。」「女安，則為之。夫君子之居喪，食旨不甘，聞樂不樂，居處不安，故不為也。今女安，則為之。」宰我出。子曰：「予之不仁也！子生三年，然後免於父母之懷。夫三年之喪，天下之通喪也。予也有三年之愛於其父母乎？」

子曰：「飽食終日，無所用心，難矣哉！不有博弈者乎？〔註16〕為之，猶賢乎已。」

謝氏曰：「博弈之害，〔註17〕止於博弈而已。〔註18〕若放僻邪侈，皆生於無所用心。心有所用則止，止則不可謂之放。

子路曰：「君子尚勇乎？」子曰：「君子義以為上。〔註19〕君子有勇而無義為亂，小人有勇而無義為盜。」

子貢曰：「君子亦有惡乎？」子曰：「有惡：惡稱人之惡者，惡居下流而訕上者，惡勇而無禮者，惡果敢而窒者。」曰：「賜也亦有惡乎？」「惡徼以為知者，惡不孫以為勇者，惡訐以為直者。」

「曰賜也亦有惡乎」，曰字當在乎字之下。賜雖方人，亦非敢從事於徼訐也。

〔註16〕弈，文淵閣四庫本作「奕」。

〔註17〕弈，文淵閣四庫本作「奕」。

〔註18〕弈，文淵閣四庫本作「奕」。

〔註19〕上，文淵閣四庫本作「尚」。

子曰：「唯女子與小人為難養也，近之則不孫，〔註20〕遠之則怨。」

子曰：「年四十而見惡焉，其終也已。」

微子第十八

微子去之，箕子為之奴，比干諫而死。孔子曰：「殷有三仁焉。」

古今論者皆謂微子知紂之將亡，去而歸周，以存宗祀。箕子諫，紂不聽，被髮佯狂而為奴。其說害理之甚。夫二子之於商，以分言之，則君臣也；以親言之，則庶兄諸父也。紂猶在位，微子乃抱祭器以歸于周，是率天下以叛其君也。箕子佯狂以為奴，是愛一死以忘其君也。誠如是，夫子安得以為仁人乎？蓋微、箕皆國名，子其爵也。古者雖有封國，皆入仕於朝，故微子入為卿士，箕子入為太師。微子數諫不聽，遂去之。去之者，舍卿士之位，去而之國也。武王既克商，微子乃持微國之祭器以告武王，存商之祀，武王遂釋微子而復其位。謂其先歸周者，妄也。《武成》曰：「釋箕子之囚，封比干之墓。」是武王滅商之時，箕子尚為紂所囚，故武王未及下車而釋之。謂其佯狂者，亦妄也。太史公於《商本紀》載商之太師、少師持其祭樂器奔周，周武王於是率諸侯伐紂。其說既非矣。至《微子世家》載太師、少師勸微子去，遂行。武王伐紂，微子乃持其祭器造於軍門，肉袒面縛。則是二書自相抵牾，何以取信？所可信者，夫子之言可以理推也。

柳下惠為士師，三黜。人曰：「子未可以去乎？」曰：「直道而事人，焉往而不三黜？枉道而事人，何必去父母之邦？」

安於士師，甘於三黜，夫子未嘗非之，孟子何以謂之不恭也？無柳下惠之志，而為柳下惠之事，其弊至於不恭，故君子不由也。

齊景公待孔子曰：「若季氏，則吾不能；以季、孟之間待之。」曰：「吾老矣，不能用也。」孔子行。

當時列國之君，無如齊景公可與為善，欲以季、孟之間待孔子，不可謂不知孔子者，何以不為景公留也？〔註21〕魯之於季氏，授之以政，舉其國而聽焉。孟氏雖俱為三桓，於政無預也。考之《左氏》《世家》，其事可見。景公待孔子，謂不能如季氏，欲處以季、孟之間者，非特爵秩然也，謂不專授以政也，其言與色皆可辟矣。

〔註20〕孫，文淵閣四庫本作「遜」。

〔註21〕景公，文淵閣四庫本作「孔子」。

齊人歸女樂，季桓子受之，三日不朝，孔子行。

楚狂接輿歌而過孔子曰：「鳳兮鳳兮！何德之衰？往者不可諫，來者猶可追。已而已而！今之從政者殆而！」孔子下，欲與之言。趨而辟之，不得與之言。

長沮、桀溺耦而耕，孔子過之，使子路問津焉。長沮曰：「夫執輿者為誰？」子路曰：「為孔丘。」曰：「是魯孔丘與？」曰：「是也。」曰：「是知津矣。」問於桀溺。桀溺曰：「子為誰？」曰：「為仲由。」曰：「是魯孔丘之徒與？」對曰：「然。」曰：「滔滔者天下皆是也，而誰以易之？且而與其從辟人之士也，豈若從辟世之士哉？」耰而不輟。子路行以告。夫子憮然曰：「鳥獸不可與同群，吾非斯人之徒與而誰與？天下有道，丘不與易也。」

子路從而後，遇丈人，以杖荷蓧。子路問曰：「子見夫子乎？」丈人曰：「四體不勤，五穀不分，孰為夫子？」植其杖而芸。子路拱而立。止子路宿，殺雞為黍而食之，見其二子焉。明日，子路行以告。子曰：「隱者也。」使子路反見之。至，則行矣。子路曰：「不仕無義。長幼之節，不可廢也。君臣之義，如之何其廢之？欲潔其身，而亂大倫。君子之仕也，行其義也。道之不行，已知之矣。」

逸民：伯夷、叔齊、虞仲、夷逸、朱張、柳下惠、少連。子曰：「不降其志，不辱其身，伯夷、叔齊與！」謂：「柳下惠、少連，降志辱身矣。言中倫，行中慮，其斯而已矣。」謂：「虞仲、夷逸，隱居放言，身中清，廢中權。我則異於是，無可無不可。」

太師摯適齊，亞飯干適楚，三飯繚適蔡，四飯缺適秦，鼓方叔入於河，播鼗武入於漢，少師陽、擊磬襄入於海。

此一篇具載出處之大致。《蠱》之上九「不事王侯」，夫子繫之以「志可則也」。楚狂接輿之徒，其志為可取，質之以聖人之時中則非也。雖然，必如夫子之不磷不緇則可，若楚狂接輿，烏能為夫子之所為乎？夫子欲立君臣之大義，不得不辨明其非也。

周公謂魯公曰：「君子不施其親，不使大臣怨乎不以。故舊無大故，則不棄也。無求備於一人。」

周有八士：伯達、伯适、仲突、仲忽、叔夜、叔夏、季隨、季騧。

必夫子亦嘗稱之，不可考也。

子張第十九

子張曰：「士見危致命，見得思義，祭思敬，喪思哀，其可已矣。」

子張曰：「執德不弘，信道不篤，焉能為有？焉能為亡？」

亦嘗執之，而心不廣大；亦嘗信之，而志不純一。以為有耶，而無充實之美；以為亡耶，而有執之信之之心，是謂一出一入，若存若亡也。

子夏之門人問交於子張。子張曰：「子夏云何？」對曰：「子夏曰：『可者與之，其不可者拒之。』」子張曰：「異乎吾所聞：〔註22〕君子尊賢而容眾，嘉善而矜不能。我之大賢與，於人何所不容？我之不賢與，人將拒我，如之何其拒人也？」

由子夏之言，其失必隘；由子張之言，其失必蕩。

子夏曰：「雖小道，必有可觀者焉。致遠恐泥，是以君子不為也。」

子夏曰：「日知其所亡，月無忘其所能，可謂好學也已矣。」

知其所亡，進而不息也；不忘其所能，得而不失也。雖進矣而或忘之，非著乎心也；雖不忘而或弗進，非日日新也。

子夏曰：「博學而篤志，切問而近思，仁在其中矣。」

學之博，能自反以篤志；問之切，能自反以近思。心不外馳，由是以進，仁在其中矣。

子夏曰：「百工居肆以成其事，君子學以致其道。」

致之為言，不期於至而必至也。

子夏曰：「小人之過也必文。」

子夏曰：「君子有三變：望之儼然，即之也溫，聽其言也厲。」

子夏曰：「君子信而後勞其民，未信，則以為厲己也。信而後諫，未信，則以為謗己也。」

子夏曰：「大德不踰閑，小德出入可也。」

閑若馬之有閑，惟有閑然後可以出入。無閑而出入，無忌憚之人也。

〔註22〕吾，指海本作「我」。

　　子游曰：「子夏之門人小子，當洒掃、應對、進退，則可矣，抑末也。本之則無，如之何？」子夏聞之，曰：「噫！言游過矣！君子之道，孰先傳焉？孰後倦焉？譬諸草木，區以別矣。君子之道，焉可誣也？有始有卒者，其唯聖人乎！」

　　子游所謂末者，洒掃、應對、進退之儀也；所謂本者，正心誠意、致知格物之理也。子游之教，求其速成，裂本末而二之；子夏之教，必以其漸，舉本末而一之。子夏之言近道，子游失之遠矣。夫君子之道，當知孰先而必傳，孰後而必倦。洒掃、應對、進退，小子之所必傳也，既成人而教之，彼必倦矣。雖然，教之以末，而其本實具焉，此則存乎其人，久而自得之也。若曰不教以末，而直以其本者告之，此誣也，無是理也。譬諸草木，其始也，栽培灌溉之而已，〔註 23〕非可一旦求其敷華成實，聳幹凌霄也。草木之生，猶當如是區別，孰謂教人而不然也？至於始終具舉，本末一貫，乃聖人之事，必責天下學者皆為聖人之事，可乎？此子游之失也。

　　子夏曰：「仕而優則學，學而優則仕。」

　　學其本也，仕其用也，二者非相離也。仕之所以有餘裕者，即學也，非可於學外求仕，亦非可於仕外求學也。

　　子游曰：「喪致乎哀而止。」

　　禮文不備，不足以害禮之本。

　　子游曰：「吾友張也，為難能也，然而未仁。」

　　曾子曰：「堂堂乎張也，難與並為仁矣。」

　　狂而進取，故為難能；不出於誠，去仁遠矣。

　　曾子曰：「吾聞諸夫子：人未有自致者也，必也親喪乎！」

　　曾子曰：「吾聞諸夫子：孟莊子之孝也，其他可能也；其不改父之臣與父之政，是難能也。」

　　孟子言孟獻子有友五人焉，此五人者，皆無獻子之家者也。夫獻子於臣之賢則友之，而為之臣者，亦不以獻子為家而忘之，則莊子不改父之臣，可謂難矣。獻子之政不可考，觀作三軍，而獻子止取其半，政之善亦可知矣。守父之善政，用父之賢臣，其為孝也，豈他人之所謂孝哉？

〔註 23〕灌溉，指海本作「溉灌」。

孟氏使陽膚為士師，問於曾子。曾子曰：「上失其道，民散久矣。如得其情，則哀矜而勿喜。」〔註24〕

古之刑民，罪在民也；後之刑民，罪不在民矣。

子貢曰：「紂之不善，不如是之甚也。是以君子惡居下流，天下之惡皆歸焉。」

子貢方人，夫子誨之以「我則不暇」，以終身可行為問，又告之以「其恕乎」。子貢服膺斯言，至晚年盡化其氣質矣。不善莫如紂，而子貢猶恕之，回視前日方人之心，蓋已洗滌無餘矣。

子貢曰：「君子之過也，如日月之食焉：過也，人皆見之；更也，人皆仰之。」

衛公孫朝問於子貢曰：「仲尼焉學？」子貢曰：「文、武之道，未墜於地，在人。賢者識其大者，不賢者識其小者，莫不有文、武之道焉。夫子焉不學？而亦何常師之有？」

堯、舜、禹、湯、文、武之道一也，惟曰文、武，舉其近者言之爾。

叔孫武叔語大夫於朝曰：「子貢賢於仲尼。」子服景伯以告子貢。子貢曰：「譬之宮牆，賜之牆也及肩，窺見室家之好。夫子之牆數仞，不得其門而入，不見宗廟之美，百官之富。得其門者或寡矣。夫子之云，不亦宜乎！」

叔孫武叔毀仲尼。子貢曰：「無以為也，仲尼不可毀也。他人之賢者，丘陵也，猶可踰也；仲尼，日月也，無得而踰焉。人雖欲自絕，其何傷於日月乎？多見其不知量也。」

陳子禽謂子貢曰：「子為恭也，仲尼豈賢於子乎？」子貢曰：「君子一言以為知，一言以為不知，言不可不慎也。夫子之不可及也，〔註25〕猶天之不可階而升也。夫子之得邦家者，所謂立之斯立，道之斯行，綏之斯來，動之斯和。其生也榮，其死也哀，如之何其可及也？」

有所建立則必立，有所引道則必行，有所撫綏則必來，有所動化則必和。堯、舜巍巍蕩蕩，至於有成功，有文章，黎民於變者，其道若此。子貢晚年

〔註24〕矜，叢書集成初編本作「衿」。
〔註25〕及，叢書集成初編本作「行」。

進德，蓋極於高遠也。

堯曰第二十

堯曰：「咨！爾舜！天之曆數在爾躬，允執其中。四海困窮，天祿
永終。」舜亦以命禹。曰：「予小子履敢用玄牡，敢昭告於皇皇后帝：
有罪不敢赦。帝臣不蔽，簡在帝心。朕躬有罪，無以萬方；萬方有罪，
罪在朕躬。周有大賚，善人是富。雖有周親，不如仁人。百姓有過，在
予一人。」

堯、舜、禹、湯、文、武之道，傳諸夫子，故歷敘數聖人之言，以見其一
出於正大也。

謹權量，審法度，修廢官，四方之政行焉。興滅國，繼絕世，舉逸
民，天下之民歸心焉。

所重：民、食、喪、祭。

寬則得眾，信則民任焉，敏則有功，公則說。

子張問於孔子曰：「何如斯可以從政矣？」子曰：「尊五美，屏四惡，
斯可以從政矣。」子張曰：「何謂五美？」子曰：「君子惠而不費，勞而
不怨，欲而不貪，泰而不驕，威而不猛。」子張曰：「何謂惠而不費？」
子曰：「因民之所利而利之，斯不亦惠而不費乎？擇可勞而勞之，又誰
怨？欲仁而得仁，又焉貪？君子無眾寡，無小大，無敢慢，斯不亦泰而
不驕乎？君子正其衣冠，尊其瞻視，儼然人望而畏之，斯不亦威而不猛
乎？」子張曰：「何謂四惡？」子曰：「不教而殺謂之虐，不戒視成謂之
暴，〔註26〕慢令致期謂之賊，猶之與人也，出納之吝，謂之有司。」

「猶之與人也」，疑其文有闕誤。

子曰：「不知命，無以為君子也；不知禮，無以立也；不知言，無以
知人也。」

論語意原卷四

〔註26〕暴，指海本作「泰」。

論語類考

（明）陳士元　撰

鍾雲瑞　李樂　點校

欽定四庫全書

論語類考卷一

明　陳士元　撰

天象考一

北辰

邢昺氏曰爾雅釋文云北極謂之北辰郭璞云北極
天之中以正四時然則極中也辰時也以其居天之
中故曰北辰北極以正四時故曰北辰北斗七星斗為帝

車運於中央臨制四海分陰陽建四時均五行移節
度定諸紀皆繫於斗是眾星共之也
朱子曰北辰北極天之樞也辰旁小星謂之極星天
圓而動包乎地外故天形半覆地上半繞地下左旋
不息其極紐則在南北之端焉南極入地三十六度
故周回七十二度常隱不見北極出地三十六度故
周回七十二度常見不隱北極之星正在常見不隱
七十二度之中其旁則經星隨天左旋日月五緯右

論語類考序

論語者孔子答弟子時人及弟子相與言而接聞於
孔子之語也論語讖謂子夏六十四人撰鄭立謂仲
弓游夏輩撰而程正叔以為成於有子曾子之門人
洪景盧又謂兼成於閔子之門人云其書初有古齊
魯之異古論二十一篇齊論二十二篇魯論二十篇
漢孝文置論語博士平帝召通論語者駕軺詣京師
蓋慎其選而重茲科也張禹本受魯論兼講齊論合
而考之刪其煩複主魯論二十篇除齊論問王知道
二篇稱為張侯論今所傳論語是已齊古二學遂不

清道光十三年
應城吳毓梅刻歸雲別集本

論語類考卷之一　歸雲別集三十四
應城陳士元著　同邑後學吳毓（梅校）
天象考　目二
北辰
邢昺氏曰爾雅釋文云北極謂之北辰郭璞云北極
天之中以正四時然則極中也辰時也以其居天之
中故曰北極以正四時故曰北辰北斗七星斗為帝
車運於中央臨制四海分陰陽建四時均五行移節
度定諸紀皆繫於斗是眾星共之也

清光緒十七年
三餘草堂刻湖北叢書本

論語類考卷一　湖北叢書用歸雲別集吳刻參湖海樓本
明應城陳士元著
天象考　目二
北辰
邢昺氏曰爾雅釋文云北極謂之北辰郭璞云北極
天之中以正四時然則極中也辰時也以其居天之
中故曰北極以正四時故曰北辰北斗七星斗為帝
車運於中央臨制四海分陰陽建四時均五行移節
度定諸紀皆繫於斗是眾星共之也
朱子曰北辰北極天之樞也辰旁小星謂之極星天
圓而動包乎地外故天形半覆地上半繞地下左旋

中華書局《叢書集成初編》
一九九一年據湖北叢書本排印本

論語類考卷一

明應城陳士元箸

天象考□二

北辰

邢昺氏曰爾雅釋文云北極謂之北辰郭璞云北極天之中以正四時然則極中也辰時也以其居天之中故曰北極以正四時故曰北辰北斗七星斗爲帝車運於中央臨制四海分陰陽建四時均五行移節

朱子曰北辰北極天之樞也辰旁小星謂之極星天圓而動包乎地外故天形半覆地上半繞地下左旋不息其極紐則在南北之端焉南極入地三十六度故周回七十二度常隱不見北極出地三十六度故周回七十二度常見不隱北辰之星正在常見不隱七十二度之中其旁則經星隨天左旋日月五緯右轉衆星皆左旋惟北辰不動在北極星之旁據北極七十二度常見不隱之中故有北辰之號而常居其所蓋天形運轉登夜不息而此爲之樞也若太微之在翼天市之在尾攝提之在亢其南距赤道近北距天極遠則固不容於不動而不免與二十八宿同其運行矣故其或東或西或隱或見各有度數仰而度定諸紀皆繫於斗是衆星共之也

整理說明

　　《論語類考》二十卷，明陳士元撰。

　　陳士元，字心叔，小字孟卿，號養吾，又號江漢潛夫、環中迂叟，明代湖廣應城人。嘉靖十六年（1537）鄉試中舉人，編撰《缶鳴集》。嘉靖二十二年（1543），編輯《金陵集》。嘉靖二十三年（1544）中進士，任灤州知州，編撰《灤州志》。著述頗豐，主要有《五經異文》、《易象匯解》、《論語類考》、《孟子雜記》、《俗用雜字》、《江漢叢談》、《諸史夷語音義》等。胡鳴盛編有《陳士元先生年譜》。

　　《論語類考》專門考證《論語》的名物典故，分為天象、時令、封國、邑名、地域、田則、官職、人物、禮儀、樂制、兵法、宮室、飲食、車乘、冠服、器具、鳥獸、草木十八門類，各個門類之下又分別繫以子目，凡四百九十四。是書體例大致遵循宋代金履祥《論孟集注考證》，與專門發明義理的朱熹《四書章句集注》迥然有別。該書每條考釋必先列舊說，而搜輯諸書，互相參訂，詳加鑒別，凡是杜撰虛浮之說，皆為糾正。清代周中孚《鄭堂讀書記》稱其：「皆博引舊說，以相參證，每條俱加案語，詳為折衷，而於朱子《集注》，糾訛補漏，亦不肯為苟同，特不似後來毛西河《稽求篇》之故為攻擊，故多精核之言，在明代諸家中此為翹楚矣。」但李慈銘《越縵堂讀書記》批評該書「往往憑臆武斷，其引用古書，亦多稗敗不根，然尚足為初學帖括者之助。」

　　明代將《四書》作為科舉考試的內容，《論語》受到足夠的重視，出現了很多研究解讀《論語》的著作。陳士元《論語類考》在廣泛搜羅、分門別類的基礎上，初步構建了《論語》的名物系統，並對其中的名物進行了詳細的考證，同時運用小學、史學等傳統知識，採用對校等傳統文獻學研究方法，秉持多聞

闕疑的學術態度，在明代《論語》學研究、經學研究領域佔有一定的學術地位，值得重新審視。

目前《論語類考》主要有五個版本，清乾隆文淵閣四庫全書本（簡稱「四庫本」），清嘉慶二十四年（1819）蕭山陳春湖海樓刻本（簡稱「湖海樓本」），清道光十三年（1833）應城吳毓梅刻歸雲別集本（簡稱「歸雲別集本」），清光緒十七年（1891）三餘草堂刻湖北叢書本（簡稱「湖北叢書本」），中華書局《叢書集成初編》一九九一年據湖北叢書本排印本（簡稱「叢書集成初編本」）。

本次點校整理，以清乾隆文淵閣四庫全書本為底本，通校諸本，核對引文出處，施加現代漢語標點。凡是異體字、避諱字，不予出校。學識所限，疏漏錯訛之處在所難免，祈望博雅君子批評指正。

鍾雲瑞

二〇二三年中秋前三日

文淵閣四庫全書提要

　　臣等謹案：《論語類考》二十卷，明陳士元撰。士元有《易象鉤解》，別著錄。是編皆考證《論語》名物典故，分十八門，又分子目四百九十有四。朱子以後解《四書》者，如真德秀、蔡節諸家，主於發明義理而已。金履祥始作《論語孟子集注考證》，後有杜瑛《語孟旁通》、薛引年《四書引證》、張存中《四書通證》、詹道傳《四書纂箋》，始考究典故，以發明經義。今杜、薛之書不傳，惟金氏、張氏、詹氏書尚傳於世。三人皆篤信朱子，然金氏於《集注》之承用舊文偶失駁正者，必一一辨析，張氏、詹氏皆於舛誤之處諱而不言，其用意則小異。士元此書，大致遵履祥之例，於《集注》不為苟同，每條必先列舊說，而搜討諸書，互相參訂，皆以「元案」二字別之。凡一切杜撰浮談，如薛應旂《四書人物考》稱「有若字子有」之類，悉為糾正，較明代諸家之書，殊有根柢。特以專考《論語》，不備《四書》，故不及應旂書之盛傳，實則有過之無不及也。乾隆四十五年十二月恭校上。

　　總纂官臣紀昀、臣陸錫熊、臣孫士毅

　　總校官臣陸費墀

論語類考原序

　　《論語》者，孔子答弟子、時人，及弟子相與言而接聞於孔子之語也。《論語讖》謂子夏六十四人撰，鄭玄謂仲弓、游、夏輩撰，而程正叔以為成於有子、曾子之門人，洪景盧又謂兼成於閔子之門，云其書初有古、齊、魯之異，《古論》二十一篇，《齊論》二十二篇，《魯論》二十篇。漢孝文置《論語》博士，平帝召通《論語》者駕軺詣京師，蓋慎其選而重茲科也。張禹本受《魯論》，兼講《齊論》，合而考之，刪其煩複，主《魯論》二十篇，除《齊論·問王》、《知道》二篇，稱為《張侯論》，今所傳《論語》是已。齊、古二學遂不傳。明興，設科舉士，初試七義，《論語》居先。而世之學子，幼時即承斯業，及從政為邦，則目為筌蹄，不復省覽，予於是蓋病焉。昔人有言：《論語》始於不慍，終於知命，為君子儒。洙泗為仁之方，一貫之秘，具在於此，〔註1〕可終身違乎？予素樗昧，有一得，輒出入口耳四寸之間，玉卮無當也。見社童暨舍子弟，即喜與談字義。越旬季，復詢之，〔註2〕忘矣。乃著此編，貯之右塾。凡二十卷，為類十有八，目四百九十有四云。於乎！〔註3〕《論語》八寸策，〔註4〕較六經之策三居二，《聘禮疏》可稽也。傳錄者誤為八十宗，徐遵明曲為之解，為王應麟所詆誚。予茲曲解不但八十宗三言耳，其不免覽者詆誚哉。〔註5〕嘉靖三十九年庚申冬十月朔日，陳士元序。〔註6〕

───────────────

〔註1〕湖海樓本、湖北叢書本無「在」字。
〔註2〕詢，湖海樓本、湖北叢書本作「訊」。
〔註3〕於，湖北叢書本作「嗚」。乎，叢書集成初編本作「呼」。
〔註4〕寸，四庫本作「十」，據湖海樓本、湖北叢書本改。
〔註5〕免，湖海樓本、湖北叢書本作「兌」。
〔註6〕陳士元序，湖海樓本、湖北叢書本作「應城陳士元心叔甫謹識」。

論語類考卷一

天象考

北辰

邢昺氏曰：「《爾雅釋文》云：『北極謂之北辰。』郭璞云：『北極，天之中，以正四時。』然則極，中也；辰，時也。以其居天之中，故曰北極；以正四時，故曰北辰。北斗七星，斗為帝車，運於中央，臨制四海，分陰陽，建四時，均五行，移節度，定諸紀，皆繫於斗，是眾星共之也。」

朱子曰：「北辰、北極，天之樞也。辰旁小星，謂之極星，〔註1〕天圓而動，包乎地外，故天形半覆地上，半繞地下，左旋不息，其極紐則在南北之端焉。南極入地三十六度，故周回七十二度常隱不見；北極出地三十六度，故周回七十二度常見不隱。北極之星正在常見不隱七十二度之中，〔註2〕其旁則經星隨天左旋，日月五緯右轉，眾星皆左旋，惟北辰不動，在北極星之旁，據北極七十二度常見不隱之中，故有北辰之號，而常居其所。蓋天形運轉，晝夜不息，而此為之樞也。若太微之在翼，天市之在尾，攝提之在亢，其南距赤道近，其北距天極遠，則固不容於不動，而不免與二十八宿同其運行矣。故其或東或西，或隱或見，各有度數，仰而觀之，蓋無一刻之或停也。」

金履祥氏曰：「北極無星，故謂之北辰。辰者，北極之舍也。其旁四輔星環之，其前直四星。後宮，庶子。帝星，太子也。」許謙氏曰：「星屬陽，辰屬陰。」

〔註1〕極星，歸雲別集本作「極上」。
〔註2〕北極，叢書集成初編本作「北星」。

元按：星書，北極五星在紫微宮中，一名天極，一名北辰。其紐星，天之樞也。天運無窮，三光迭耀，而極星不移。第一星，太子也；第二星，帝座也，亦為太乙座；第三星，庶子也；第四星，后宮也；第五星為天樞。夫北辰居所，天象最尊，是於北極五星為第一，而星家反以為第五，倒置之甚。第一星之居所不動者，不為帝座，而以第二星為帝座，是異乎孔子所云矣。《宋中興天文志》云：「天樞紐星在四輔宮，是為天皇大帝，其神曰耀魄寶。北極五星，初一曰帝，次二曰后，次三曰妃，次四曰太子，次五曰庶子。是知中宮帝星當以孔子所稱北辰為據。」然邢氏乃謂眾星共乎北斗者，蓋北極之紐星名天樞，而北斗第一星亦名天樞。又《晉志》謂北斗為七政之樞機，陰陽之本原，運乎天中而臨制四方，建四時而均五行，故邢氏誤以北斗之天樞即北極之天樞耳。然不知北斗天樞去北極二十三度半，入張宿十度，於孔子居所之義何指哉？或問辰之義，愚謂《中庸》《孟子》以星與辰並言，而儒先皆云天體無星處謂之辰。今考星書稱辰不一，如北極固名北辰，而大火亦謂之大辰，〔註3〕五星中之水星又謂之辰星，十二支謂之十二辰，日、月、星又謂之三辰，五行之時又謂之五辰。原其義，蓋起於辰巳之辰，辰位乃星躔之首，歲紀之始也。北辰居所，為經星之長；水星近輔乎日，為行星之長；大火天帝之座，為舍星之長，故三者皆稱辰焉。《左傳》云：「日月之會謂之辰。」一歲日月十二會，日月所會，始於東方蒼龍角、亢之星，角、亢始於辰，故以所始者名之。自子、丑至戌、亥皆可稱辰，故為十二辰。日、月、星至辰而畢見，故稱三辰。《素問》謂五運起於角軫。角軫，辰分也，故五行之時亦稱五辰，《書》云「撫於五辰」是也。然則星家豈專以天體無星處為辰哉？

日月之食

朱子曰：「曆法，周天三百六十五度四分度之一，左旋於地，一晝一夜，則其行一周而又過一度。日、月皆右行於天，一晝一夜，則日行一度，月行十三度十九分度之七。故日一歲而一周天，月二十七日有奇而一周天，又二日半追及於日，而與之會，一歲十二會。方會則月光盡而為晦，已會則月光復蘇而為朔。晦朔而日月之合東西同度，南北同道，則相食。」

洪邁氏曰：「天體交道有二：曰交初，曰交中。交初者，星家以為羅睺；〔註4〕交中者，計都也。隱不可見，於是為入交法以求之，然不過能求朔望耳。

〔註3〕大辰，四庫本、歸雲別集本作「火辰」，據湖海樓本、湖北叢書本改。
〔註4〕睺，歸雲別集本作「猴」。

其餘日入交，則書所不載。頃見太史劉孝榮言：『月本無光，受日為明，望夜正與日對，故一輪光滿。或月行有遲疾先後，日光所不照處，則為月食。朔旦之日，日月同宮，如月在日下，則日光為所遮，故為日食。非此二日，則無薄食矣。』」

　　元按：《越絕書》：「范子計然曰：『日者，寸也，紀刻而成晷也。月者，尺也，紀度而成數也。』」《說文》云：「日者，實也。」言形體充實也。《釋名》云：「月者，闕也。」言滿則復闕也。《淮南子》云：「麒麟鬬則日月食。」《春秋》隱公三年二月己巳，日有食之。孔穎達氏曰：「日月同度，則日被月映，而形魄不見。」《詩·小雅·十月之交》，孔安國氏曰：「曆象交食之法，大率以百七十三日有奇為限。然月先在裏，則依限而食者多；若月在表，雖依限而食者少。」杜預氏見其參差，乃云：「日月動物，雖行有度，不能不小有盈縮，故有雖交會而不食者，或有頻交而食者。」呂伯恭《讀詩記》亦以為然。《宋中興天文志》云：「凡月行曆二十九日五十三分而與日相會，是謂合朔。凡日月之交，月行黃道，而日為月所掩，則日食。若日月同度於朔，月行不入黃道，則雖會而不食。月行在望，與日對衝，月入於日暗虛之內，則月為之食。」此日月交會薄食之大略也。然先儒有月受日光之說，竊疑月自有光，無繫於日。《易》曰：「日月得天，而能久照。」又曰：「日月之道，貞明者也。」又曰：「懸象著明，莫大乎日月。」子思曰：「日月之代明。」孟子曰：「日月有明。」皆以月之明與日對言之也。月有晦朔弦望，由於陰道有盛衰，故《易》曰「月幾望」，《書》曰「哉生明」，《禮》曰「月生於西」，亦未嘗言日光之遠近也。月受日光之說，其始於京房之《易》說乎？房曰：「月與星，至陰也，有形無光，日照之乃光。」此或神其災異之談，本以儆戒人君不可以政權下移，而後世信之，遂以為月本無光，不復致辯耳。夫古以日、月、星為三光，使月星無光，何得並稱為三哉？劉孝榮所謂日光不照則為月食者，非通論也。

時令考

夏時

　　朱子曰：「行夏之時，謂以斗柄初昏建寅之月為歲首也。天開於子，地闢於丑，人生於寅，故斗柄建此三辰之月，皆可以為歲首，而三代迭用之。然時以作事，則歲月當以人為紀，故孔子嘗曰：『吾得夏時焉。』而說者以為謂《夏小正》之屬，蓋取其時之正與其令之善也。」

　　許謙氏曰：「十二辰橫布地之四維，天運於外，晝夜不息，一伏時一周。北極為天之樞紐，圜北極之外為紫微垣，垣之側有北斗。六星在垣內，杓在垣外，所以運陰陽，定辰次，行四時也。每初昏時，杓所指之方則謂之建，以所建之方即定為月之辰。然晝夜之建有三：用昏建者杓，夜半建者衡，旦建者魁。〔註5〕」

　　羅泌氏曰：「五帝以來，正朔悉異，而廣川先生、河汾老子猶以為言，卒不得其衷也。昔孔子作《春秋》，書王正月，而古之王者必存二代，所以通三統也。三易之書，首乾、坤、艮，而怠棄三正，扈氏之所以為不恭者，何至於禹而後革之哉？竊考三皇之代，歲皆紀寅。顓帝之曆，攝提首紀。而堯命四子，亦鳥正於仲春。虞之法雖不著，而分巡岳鎮，〔註6〕必按四仲。使舜易堯正，則禹改之矣。夏正得天，明不改也。〔註7〕湯革夏建丑，而作曆則從冬首。武革商建子，而巡祭則用夏時。蓋斗必建寅而後謂之春，必建巳而後謂之夏。若以冬為春，夏為秋，則四時反易而失其位矣。〔註8〕昔顏淵問為邦，〔註9〕夫子告以行夏之時，而世有為歲本之說者，乃謂子當夜半則屬來日，遂以子丑之月屬之來歲。又烏知日出之二刻半為明，聖人本人事而施之哉？知此，則三正可得而議矣。」

　　季本氏曰：「陽生於子，邃古之初，必嘗以子為正。其後聖人開物成務，法欲宜民，必即氣之已著、民之易知者，而用寅焉，著以為令，而世遂謂之夏時。蓋建子之正，天道也；建寅之正，人道也。天人一理，但語其宜民，則天道不若人道之切近易知耳。此夏正所以為善也，外此豈別有地正哉？商人因夏無改，第以成湯得天下之初，偶以十二月為朝諸侯、頒政令之始，而建丑之月，農功未起，可為常期，遂用以為朝會行政之首月，本亦順時為治，用此始事，非為地闢於丑而別為一正也。武王伐商，歲在鶉火，月在天駟，日在析木之津。後三日，得周正月辛卯朔，辰在斗柄，謂建子月朔也。明日壬辰，至戊午，渡孟津，即《武成》所謂『惟一月壬辰，旁死魄』，『既戊午，師逾孟津』，《泰誓》所謂『十有三年春，大會於孟津』者也。夫武王發兵之初，不稱商祀而曰年，不用商月而曰春、曰一月，又即舉王號誓師，而《武成》亦載始告神之詞，自

〔註5〕歸雲別集本無「者」字。
〔註6〕岳，湖海樓本、湖北叢書本、叢書集成初編本作「嶽」。
〔註7〕改，歸雲別集本作「易」。
〔註8〕失其位，湖海樓本、歸雲別集本、湖北叢書本、叢書集成初編本作「失位」。
〔註9〕顏淵，湖海樓本、歸雲別集本、湖北叢書本、叢書集成初編本作「顏子淵」。

稱『有道周王發』，則當其時已稱王、改正朔，而大會諸侯矣。亦以子月無妨於農功，遂為朝正之期，其順時為治猶夫商也。但商之時月無改於夏，而周則改時與月焉。孟子曰：『七八月之間旱。』又曰：『歲十一月徒杠成，十二月輿梁成。』七八月者，夏五六月也。十一月、十二月者，夏九月、十月也。則周月之次，〔註10〕因時遞改，蓋推本陽生於子之義，故視夏常先兩月。然而溫涼寒暑之節，作成訛易之宜，萬世不可易者，〔註11〕亦猶商之無改於夏也。說《春秋》者謂孔子假天時以立義，則是陷聖人於賤好自專之罪矣。」黃震氏云：「天時無改易之理，聖人無謂冬為春之事。周未嘗改天時，孔子亦非改周制也。」夫謂孔子不改周制，良是。但以周實未嘗改天時，而謂春王正月即夏正之寅，則有不通者。桓公八年十月雨雪，成公元年二月無冰，定公元年十月隕霜殺菽，皆以災異特書，而必欲求合於夏時，祇多牽強耳。

　　元按：《公羊傳》云：「夏以斗建寅之月為正，平旦為朔；殷以斗建丑之月為正，雞鳴為朔；周以斗建子之月為正，夜半為朔。」而胡安國則謂《春秋》以夏時冠月，以周正紀事。故說者謂《春秋》書春王正月、夏四月、秋七月、冬十月，與夏時無異也。然以《春秋》考之，「秋大雩」，「龍見而雩」，非秋矣；「春正月，公狩於郎」，「狩在冬」，非春矣。子產諫築平臺曰：「十一月妨於農收。」然而農收蓋在九月、十月矣，是周月非夏時也。故《左氏》於隱公元年春王正月，直書曰周正月；其載梓慎占星孛大辰，直曰火出於夏為三月，於商為四月，於周為五月，謂三代月不同而時令同也，可乎？《穀梁傳》云隱公之始年，周王之正月是已，而後儒議論何其紛紛不決也。孔安國、鄭康成謂周人改時與月，程伊川、胡安國謂周人改月而不改時，蔡沈、周洪謨謂周不改時，亦不改月，吳仲迂、陳定宇、張敷言、史伯璿、吳澂穎、汪克寬輩，則又膠於舊見而無所折衷，豈知《春秋》專用周正哉？今考《左傳》，於諸國用周正，而晉獨用夏正。《左傳》僖公四年十二月，晉侯殺世子申生，經則書於五年春；九年十一月，晉里克殺其君卓，經則書於十年正月；十年冬，晉殺其大夫丕鄭父，經則書於十一年春。蓋《左傳》或據晉史，而經則用周曆也。《汲家紀年書》特紀晉事，起自殤叔，至莊伯十一年，魯隱公之元年也，皆以建寅首歲，每於正月則云夏正月，故春秋之時用夏正者惟晉國耳。劉知幾乃謂諸國皆用夏正，魯以天子禮樂獨用周正也，亦謬。

〔註10〕則，歸雲別集本作「是」。
〔註11〕萬世，四庫本作「萬萬」，據湖海樓本、歸雲別集本、湖北叢書本改。

曆數

馬融氏曰：「曆數，謂列次也。」

鄭玄氏曰：「曆數，謂圖錄之名。」

朱子曰：「曆數，帝王相繼之次第，猶歲時節氣之先後，非若讖緯之說，姓名見於圖錄而為言也。」

元按：《易‧革》之象曰：「君子以治曆明時。」《洪範》五紀，五曰曆數，孔安國注云：「節氣之度，以為曆也。」蓋自古帝王受命而興，先頒正朔，故堯以天下傳舜，曰「曆數在爾躬」，謂頒朔之政在舜也。《尚書》述曆數詳矣。《易幹鑿度》云：「堯以甲子天元為推術曆元，名握先紀，曰甲子，七十六歲為一紀，二十紀而一蔀首。」王應麟氏《玉海》云：「五帝重曆數，故堯咨舜『天之曆數在爾躬』。」逸《論語》云「帝嚳序三辰」，亦謂曆數也。

朔

邢昺氏曰：「天子玄冕以視朔，皮弁以日視朝。諸侯皮弁以聽朔，朝服以日視朝。其閏月，則聽朔於明堂，闔門左扉，立於其中，聽政於路寢門，終月。故閏字從王從門，為王在門也。」

元按：朔之為言蘇也，謂月之魄晦極而復生明也。許謙氏云：「古者以竹簡為書，蓋十二月作十二竹簡，故每月至朔日，告廟，請本月之簡而行之朝廷及國中。簡上所書，蓋朔之日辰及節氣也。」《周禮》太史職云：「頒告朔於邦國。閏月，詔王居門，終月。」孔穎達氏疏云：「一年之內有二十四氣，一月二氣，皆中氣在後，朔氣在前。若朔氣在晦，則後月閏；中氣在朔，則前月閏。」中、朔二氣大小不齊，故必正之以閏也。頒朔者，頒十二月曆及政令。若《月令》之書，諸侯受之，縣之於中門，市日斂之，藏於祖廟，每月用羊告廟而行之，謂之告朔。詳見《禮儀考》。

吉月

孔融氏曰：「吉月，月朔也。」

元按：《詩》云「二月初吉」，《周禮》云「正月之吉」，釋者皆以吉為朔也。孔安國云：「君子舉事尚早，故以朔為吉。」吉月者，謂月之朔日也。吉月必朝，則孔子雖致仕，一年有十二朝也。或以吉月為正月，則一年一朝，無乃太簡乎？

莫春

包咸氏曰：「莫春者，季春三月也。」

朱子曰：「莫春，和煦之時。」《漢志》：「三月上巳祓除，官民潔於東流水上。」而蔡邕引此為證，是也。

金履祥氏曰：「上巳乃三月節後初建巳之日，至曹魏，則定以三月三日為上巳，所以《蘭亭序》云：『莫春之初，修禊事也。』泗上士人謂沂水三月冰堅未解，何以言浴，當是『沿乎沂爾』。殊不知沿沂之說本於韓愈、李翺，朱子已辯其非。彼但以浴為裸浴，而不知為祓除也。況魯國無川浴之俗，曾點非川浴之人，若謂堅冰未解，點又何以御春服、風舞雩哉？周無寒歲，秦無燠年，古今風氣不同，氣化或異，未可據耳目之近而詆古人之書也。」

元按：《周禮》：「女巫掌歲時祓除釁浴。」鄭玄注云：「歲時祓除，如今三月上巳浴水之類。釁浴，謂以香薰草藥沐浴也。」若然，則曾點非川浴明矣。《後漢·禮儀志》云：「三月上巳祓除，官民皆潔於東流水上，洗除垢疢。」許慎以為水上祭而盥手，略湔濯其衣，以寓潔清之意，非裸而浴也。《荊楚歲時記》云：「三月三日，並出水渚，為流杯曲水之飲。」韓詩注亦云：「鄭國之俗，三月上巳之辰，往溱、洧兩水之上，招魂續魄，執蘭草以祓除不祥。」豈有裸浴之事哉？劉禎《魯都賦》云：〔註12〕「素秋二七，天漢指隅。民胥祓禊，國於水游。」〔註13〕是浴沂於七月十四日矣，此不知何據。

燧火

馬融氏曰：「《周書·月令》有更火之文，春取榆柳之火，夏取棗杏之火，夏季取桑柘之火，秋取柞楢之火，冬取槐檀之火。一年之中，鑽火各異木，故曰改火也。」

朱子曰：「燧，取火之木也。」

饒魯氏曰：「四時取火之木不同，榆、柳青，棗、杏赤，桑、柘黃，柞、楢白，槐、檀黑，各隨其時之方色取之。」

元按：《外紀》：「燧人氏仰察辰心以出火，作鑽燧，別五木以改火。」蓋心宿為天之大火，而辰、戌二位為火之墓，故季春心昏見於辰而出火，季秋心

〔註12〕劉禎魯都賦，湖海樓本、歸雲別集本、湖北叢書本、叢書集成初編本作「劉楨魯都」。

〔註13〕國於水遊，四庫本作「國子水嬉」，據湖海樓本、歸雲別集本、湖北叢書本、叢書集成初編本改。

昏見於戌而納火。卯為心之明堂，心至卯而火大壯，故仲春禁火，戒其盛也。《周禮》:「司爟掌火之政令，四時變國火以救時疾。季春出火，季秋納火，民咸從之。凡國失火，野焚萊，則有刑罰。」又司烜氏以燧取明火於日，仲春則以木鐸修火禁於國中，為季春將出火也。故鄭鑄《刑書》，火星未出而出火，後乃有災。今之所謂寒食者，其原蓋出於禁火，而傳記以為介子推季春三日焚死，後人哀之而禁火。嘗讀左遷書，豈有子推焚死事？況清明寒食之節，又無定期乎？漢武帝去古未遠，猶別置火令丞，典司燧事，何後世廢而不論也？東晉王離之妻以洛火渡江，傳二百年而火色大赤，謂之聖火。隋文帝見江寧寺之晉燈，色青而不熱。是知改火、修火之政，帝王所以順天時也。火，帝所治，祝融所司者，雖不經見，然而箕子之範，具其概矣。若不明於五行，而欲裁成輔相，以臻位育之功也，豈可得哉？

論語類考卷一

論語類考卷二

封國考

杞

朱子曰：「杞，夏之後。」

元按：杞國，姒姓，伯爵。〔註1〕湯放桀，封少康之後於杞，分派於曹東之樓，是為東樓、西樓公。武王克商，求禹後，得東樓公而封於杞，即今開封府杞縣。

宋

朱子曰：「宋，殷之後。」

元按：宋國，子姓，公爵。武王時，封微子於商丘之墟，以奉湯祀。其地漢為梁國睢陽縣，〔註2〕唐曰宋州睢陽，〔註3〕即開封府歸德州，今改為歸德府。

微

馬融氏曰：「微、箕，二國名。」

邢昺氏曰：「孔安國云：『微，畿內國名，子爵，為紂卿士。』」

元按：微國，子姓，子爵。微本陝西鳳翔之郿縣地，其故城在今山西潞州。《一統志》云：「微子城在潞城縣東北二十五里，殷微子所封之地是也。」其

〔註1〕伯，湖北叢書本、叢書集成初編本作「侯」。

〔註2〕縣，歸雲別集本無。

〔註3〕唐曰宋州睢陽，四庫本、湖海樓本、湖北叢書本、叢書集成初編本無，據歸雲別集本補。

後紂徙微子於畿內，蓋在魯地。《春秋》莊公二十八年，冬築郿，《公羊》《穀梁》俱作微，郿、微古字通用。《注》云：「微即紂都朝歌時微子所食邑。」蓋在紂畿內之地也。《水經注》則以東平壽張縣西北三十里有微子鄉，《十道志》又以微在聊城，《九域志》又以博州有微子城，《路史》又以徐沛東南有微山、微子冢，其實皆非微子封地。

箕

元按：箕國亦子姓子爵，其地本古箕伯之國，商以封箕子耳。《姓纂》云：「箕在商之畿內。」《春秋》僖公三十三年秋，晉人敗狄於箕。杜元凱謂太原陽邑有箕城，在今太原府大谷縣東三十五里。此又非商之畿內國矣。遼東榆社東南三十里有古箕城，或以箕子封朝鮮之後乃有此名。而琅琊之箕國，〔註4〕則漢宣帝封城陽侯荒之子文為箕侯，非商時箕子之國也。

魯

元按：魯國，姬姓，侯爵，出自文王第三子周公旦，有大功於王室，成王封之於魯。其地本古奄侯之故國，即今山東兗州府曲阜縣。

衛

元按：衛國，姬姓，伯爵，武王封其同母少弟康叔之國也。其初封在河北朝歌之東，淇水之北，百泉之南。至成王誅武庚，而朝歌故墟併入於衛，其後不知何時盡有三監之地。《史記·世家》云：「武王崩，康叔少，未得封。周公承王命，誅武庚，殺管叔，而放蔡叔，分殷餘民為二，其一封微子啟於宋，其一封康叔為衛君。」馬端臨《封建通考》亦云：「武王克商，立武庚。武王崩，三監挾武庚叛，周公討平之，乃封康叔於殷故墟。」蓋不知康叔封衛已在武王時，〔註5〕朱子嘗有辯矣。然則衛之初封，未嘗即得朝歌地也。金履祥云：「紂都朝歌，在衛州衛縣之西二十二里。」衛縣即今河南衛輝府淇縣也。衛君初本伯爵，六傳而為真伯，〔註6〕至周夷王，始命真伯之子為頃侯。〔註7〕又二傳

〔註4〕琊，湖海樓本、湖北叢書本、叢書集成初編本作「邪」。
〔註5〕叔，四庫本、湖海樓本、歸雲別集本作「之」，據湖北叢書本、叢書集成初編本改。
〔註6〕真，四庫本作「貞」，據湖海樓本、歸雲別集本、湖北叢書本、叢書集成初編本改。
〔註7〕真，四庫本作「貞」，據湖海樓本、歸雲別集本、湖北叢書本、叢書集成初編本改。

而為武公，周平王以其平戎有功，命為公也。又十二傳而為靈公，靈公之孫輒，是為出公，即冉有、子路所稱衛君者也。

陳

元按：陳國，媯姓，侯爵，虞舜之後虞閼父為武王陶正，武王封其子滿於陳，是為胡公，以奉舜祀。其地為宛丘，即今河南開封府陳州。

蔡

元按：蔡國，姬姓，侯爵，出自文王第五子叔度。監殷，以叛誅，成王復封其子胡於蔡，是為蔡仲。即今河南汝寧府上蔡縣西南十里故蔡城。

齊

元按：齊國，姜姓，侯爵，出自四岳。〔註8〕其初本為呂侯，後裔呂望佐武王，號師尚父，定天下，封於營丘，為齊侯。營丘邊萊，萊人爭營丘，師尚父伐之，遂定國焉。其地即今山東青州府昌樂縣東五十里。六傳而至獻公，徙治臨淄，即今青州府臨淄縣北古齊城是也。獻公八傳而為桓公，又四傳而為莊公，名光，即崔杼所弒者。莊公異母弟杵臼立，是為景公。

晉

元按：晉國，姬姓，侯爵。唐叔虞者，周武王子，成王弟也。武王崩，成王立，唐有亂，周公滅唐，成王以封叔虞，是為唐叔虞。叔虞子燮，是為晉侯。晉都于翼。自晉昭侯封文侯之弟成師於曲沃，翼與曲沃始為二矣。曲沃強于翼，其後曲沃武公滅晉侯緡，始並晉地，是為晉武公，又再傳而為文公。翼即今山西平陽府翼城縣。曲沃即今平陽府曲沃縣地。

滕

元按：滕國，姬姓，侯爵，文王第十四子叔繡之後也。武王封叔繡於滕。杜元凱云：「在沛國公丘縣東南。」即今山東兗州府滕縣西南地。

薛

元按：薛國，任姓，侯爵，黃帝裔孫奚仲之後也。夏禹封奚仲於薛。洪邁《續筆》云：「薛之祖奚仲，為夏禹掌車服大夫，自此受封，歷商及周末，始為宋偃王所滅。其享年千九百餘年，傳六十四代，三代諸侯莫之與比。其壤地褊

〔註8〕岳，湖海樓本、湖北叢書本、叢書集成初編本作「嶽」。

小，以《詩》則不列於《國風》，以《世家》則不列於《史記》，而《春秋》二百四十二年之間，視同儕邾、杞、滕、鄫，獨未嘗受大國侵伐，則其為邦亦自有持守之道矣。」杜元凱云：「薛在魯國薛縣薛城，今滕縣東南四十里薛城是也。」

鄭

元按：鄭國，姬姓，伯爵，周厲王子、宣王母弟桓公友之所封也。宣王封友於鄭，即今陝西西安府華州城北古鄭城。自幽王無道，友為司徒，遷其民於虢、鄶之間，死犬戎難。其子武公定平王於東都，亦為司徒，因分其地，遂國於鄶。都在濟西、洛東、河南、潁北四水間，今為河南開封府鈞州新鄭縣。〔註9〕

吳

林堯叟氏《春秋括例》曰：「吳國，姬姓，子爵。自太伯作吳，〔註10〕五世至周章，而武王克殷，因封之吳。又十四世至壽夢，而吳始益大，稱王。魯成公七年，始見《春秋》。」

元按：吳太伯卒，無子，弟仲雍立，是為吳仲雍。吳本仲雍之後，武王封其曾孫周章於吳，今蘇州城是已，其爵則子也。《國語》云：「吳本稱伯，故曰吳太伯。」蓋因太伯之稱，而遂附會其爵為伯耳。殊不知武王求周章之弟虞仲，封於虞，為太伯嗣，乃公爵也。然《史記》亦以太伯為吳太伯，而曰從太伯至壽夢十九世，是以虞仲之封於虞者為嗣仲雍也。竊謂不然。虞爵為公，而吳爵為子，太伯至德，非仲雍可倫。先王建邦，所尚在德，豈有仲雍得封為公，而太伯反居子爵之列哉？

顓臾

元按：顓臾國，風姓，子爵，伏羲氏之後，魯附庸國。今山東沂州費縣西北九十里有顓臾故城。

楚

元按：楚國，芈姓，子爵，出自顓頊之後。吳回代重黎為祝融，生六子，少子季連為芈姓，後裔曰鬻熊。其曾孫熊繹始受成王封，居丹陽，今荊州府歸州東七里丹陽城是也。徙都枝江，故枝江亦名丹陽。八傳至熊渠，分立三子為王，此僭王之始也。長子康為句亶王，中子洪為鄂王，少子執疵為越章王。句

〔註9〕鈞，歸雲別集本作「禹」。
〔註10〕作，歸雲別集本作「胙」。

亶即今荊州府江陵縣，鄂即今武昌府，越章即今德安府雲夢縣地也。自熊渠七傳至熊儀，是為若敖。又二傳至熊眴，是為蚡冒。蚡冒生熊通，是為楚武王。武王始都郢。《史記・世家》則以武王子文王熊貲始都郢。杜元凱云：「郢即南郡江陵縣北紀南城是也。」按《一統志》，南郡即今荊州府，而紀南城在府城北一十里，即楚徙都之郢也。是時楚尚號荊，故《春秋》終莊公之世皆書荊。文王之子、熊囏之弟熊惲為成王，改號為楚，故《春秋》僖公元年始書楚人。

秦

元按：秦國，嬴姓，伯爵。周孝王封伯翳十九世孫非子於西戎地，為秦。徐廣云：「天水郡隴西縣有秦亭，即今陝西鞏昌府秦州地。」三傳而為秦仲，又十傳而為穆公，穆公十五年，始見於《春秋》。蓋秦之始封，但得隴西近戎之地，其後浸強，則盡有岐、豐，亦乘周弱而請乞併兼耳。周之本意，豈肯以故都與秦耶？《史記・本紀》乃謂周平王以秦救犬戎難，送王東遷有功，賜之岐西之地，其亦誤信秦人自文之辭矣。呂祖謙氏《大事記》云：「周顯王十九年，秦自櫟陽徙都咸陽。」

邑名考

儀

鄭玄氏曰：「儀，蓋衛邑。」

元按：鄭玄以《左傳》衛侯入於夷儀，疑與此為一。然夷儀故城在今北直隸順德府邢臺縣西一百四十里，而山東東昌府聊城縣亦有夷儀城，皆非封人請見之儀邑。《一統志》以儀為開封府儀封縣，又云儀城在蘭陽縣西北二十里，即儀封人請見孔子處。今縣北有儀封村。二說不同，《志》並存焉。蓋蘭陽、儀封二邑相鄰，封人所見或在蘭陽之地，而儀封設縣亦因此得名耳。

鄹

孔融氏曰：「鄹，孔子父叔梁紇所治邑。」

朱子曰：「鄹，魯邑名。孔子父叔梁紇嘗為其邑大夫。」

元按：韻書郰、陬、鄹，音義皆同。《史記・世家》云：「孔子生魯昌平鄉陬邑。」《一統志》云：「鄹城在鄒縣界內，即叔梁紇所治之邑。」蓋鄹、鄒音誤，而不知孔子之生處與孟子之鄒不同。羅泌氏云：「鄹，魯下邑，即兗之魯縣。」杜預氏云：「鄹邑，魯縣東南莝城是也。」漢、晉魯縣，即今兗州府曲阜縣。

武城

包咸氏曰：「武城，魯下邑。」

吳程氏曰：「魯下邑，附城之邑，猶今言城下邑也。」

元按：《春秋》襄公十九年冬，城武城。武城近莒，城之，所以備莒也。今山東沂州費縣西北七十里錦川鄉絃歌里有武城城是也。子游為武城宰，得澹臺滅明。孔子之武城，聞絃歌之聲。今武城東有滅明墓，關陽川有子游、滅明二祠。而孟子又謂曾子居武城，《史記・甘茂傳》謂曾子居費之武城，是子游所宰即曾子所居之武城也。《史記・弟子列傳》又云曾參南武城人，此據漢人之稱耳。《地理志》定襄有武城，清河亦有武城，故此云南武城也。其地在費縣之北，泰山之南，故東漢以南城即武城，〔註11〕屬泰山郡，晉亦因之。杜元凱注《春秋》「城武城」，謂泰山南武城邑，南也者，所以別定襄之武城與清河之武城也。漢清河郡東武城縣，即今東昌府武城縣，建自西漢，今亦以為子游所宰之邑，立子游祠，謬矣。又嘉祥縣有南武山，上有阿城，亦名南武城。今嘉祥人因南武山之城，〔註12〕遂以為子游所宰之邑，其謬尤甚。

費

朱子曰：「費，季氏邑。」

元按：費本姬姓之國，文、武之後，伯爵也。曾子居鄪，諫鄪君十事，與孟子所稱費惠公，即此。或云魯懿公子大夫鄪伯之邑，而《左傳》則云魯僖公以費賜季友。竊謂魯衰，季氏取鄪為私邑，故去邑為費耳。襄公七年，季孫宿城費，用費宰南遺之請，乃隳，正叔仲昭伯之謀也。〔註13〕其後南氏以費畔，公山弗擾亦為費宰，又與叔孫輒率費襲魯公，入季氏之宮。孔子命申句須、樂頎伐之，遂墮費。蓋費為魯東鄙之邑，在顓臾、枋田之間，〔註14〕而界於邾、莒，魯之要地也。古鄪城在今兗州府沂州費縣西北二十五里。

葉

金履祥氏曰：「葉在樊、鄧之間，本姬姓之國，楚滅之以為縣。」

元按：《一統志》云：「葉縣在鄧州北一百二十里，古應子國。」春秋時，楚遷許於此，後為沈諸梁之食邑。

〔註11〕南城，湖海樓本、湖北叢書本、叢書集成初編本作「南成」。
〔註12〕人，歸雲別集本作「縣」。
〔註13〕謀，歸雲別集本作「請」。
〔註14〕枋，湖海樓本、湖北叢書本、叢書集成初編本作「枋」。

匡

朱子曰：「匡，地名。」

吳程氏曰：「按《家語》，匡人有簡子，以甲士圍孔子。今睢州襄邑有古匡城。」

馮椅氏曰：「匡，宋邑。」

元按：《春秋》僖公十五年，公次於匡，杜預氏注云：「匡，衛地，在陳留長垣縣西南。」羅泌氏云：「匡，郙也，本衛地，故城在長垣南十里，即孔子所厄者。」《一統志》云：「匡城在河南開封府睢州西三十里。」蓋長垣今屬大名府開州，而匡地則割入睢州矣。又《左傳》文公元年，衛不朝，晉使孔達侵鄭，晉乃伐匡，即此地也。《淮南子》注亦云：「襄邑有匡亭，有承匡山。」蓋今之睢州本漢、晉襄邑之地也。

防

孔融氏曰：「防，武仲故邑也。」

朱子曰：「防，地名，武仲所封邑也。」

元按：防，魯北鄙近齊之地。公羊氏作邴，蓋即防也。〔註15〕隱公九年冬，公會齊侯於防。杜預氏以為在琅琊縣東南，則在今青州府諸城縣東南一百五十里。其在莒東尚遠，非齊、魯所由之道。高閌氏以為宋地。隱公十年六月，魯敗宋師，取防，是即《後漢志》山陽郡昌邑縣西南之防也。昌邑在今兗州府金鄉縣界，本宋地之近緡者，非齊、魯相會之防也。莊公七年春，夫人會齊侯於防。二十有二年，及齊高傒盟於防。二十有九年冬，城諸及防。說者謂防在齊南魯北，城防以備齊耳。僖公十四年夏六月，季姬及鄫子遇於防。襄公十七年秋，齊伐我北鄙，圍防。杜預氏又云：「蓋縣東南有防城。」然蓋城在今沂水縣西北七十里，而防在蓋之東南，乃魯地之界於齊、莒者。防本魯邑，後為臧孫氏之私邑耳。

莒父

朱子曰：「莒父，魯邑名。」

元按：《春秋》稱莒人、莒子，〔註16〕是莒乃國名。而定公十四年城莒父，蓋即子夏所宰之邑，是莒與莒父二地也。《山東通志》謂莒始封在萊州府高密

〔註15〕防，湖海樓本、歸雲別集本、湖北叢書本、叢書集成初編本作「祊」。

〔註16〕稱，歸雲別集本作「傳」。

縣東南,乃莒子之都,而子夏所宰之莒父也。春秋時,莒子遷於城陽,漢封劉章為城陽王,置莒縣,即今青州府之莒州也。莒兩名而有二地,然莒父之邑蓋以莒子始封得名耳。莒本子爵,呂伯恭《大事記》云:「莒國,嬴姓,少皡之後。」武王封茲輿期於莒,十一世茲丕公始見《春秋》。夫少皡已姓,不得為嬴姓。嬴,伯翳之後也。《世本》云:「莒國己姓,後滅於楚。」

卞

朱子曰:「卞,魯卞邑。」

元按:魯之卞邑,即古卞明之國,成湯嘗伐有卞矣。《春秋》僖公十七年,夫人姜氏會齊侯於卞。其後季武子以為采邑,即今兗州府泗水縣地。〔註17〕《路史》云:「泗水縣有古卞城。」

趙 魏

孔融氏曰:「趙、魏皆晉卿。」

邢昺氏曰:「趙、魏皆晉卿所食采邑名也。」

元按:趙氏之先,與秦同祖。造父有寵於周穆王,賜以趙城,因為趙氏,是趙城乃造父之采邑也。自造父七傳為叔帶,周幽王無道,去周如晉,事晉文侯,始建趙氏於晉國。又五傳而為趙夙,與畢萬事晉獻公,食邑於耿。又九傳而為趙籍,周威烈王始命為諸侯,謂之趙烈侯。魏氏之先,畢公高之後也,與周同姓。周武王封高於畢,為畢姓。其苗裔畢萬事晉獻公,與趙夙伐霍之耿、魏,滅之,獻公以耿封夙,以魏封萬,是魏乃畢萬之采邑也。其後因為魏氏,五傳而為魏斯,與趙籍同為諸侯,是為魏文侯。然孔子之時,則趙簡子與魏獻子並為晉卿之時也。簡子名鞅,獻子名荼,以法誅晉之公族祁氏、羊舌氏,分其邑為十縣,各令其子為之大夫,則晉國益弱,而趙、魏之強大可知。

駢邑

孔融氏曰:「駢邑,地名,伯氏食邑三百家。」

朱子曰:「荀卿所謂『與之書社三百』,即此事也。」

元按:《山東通志》云:「青州府臨朐縣即齊伯氏駢邑,桓公與夷吾地。」是指駢邑為地名。然韻書,駢,並駕也,有相聯之義。周制,三十二家為邑,二十五家為社,而小邑不滿三十二家者,如十室之邑是也。楚以書社地七百里封孔子。《索隱》云:「古者二十五家為里,里各立社。」則書社者,書其社之

〔註17〕地,歸雲別集本無。

人名於籍，蓋以七百里書社之人封孔子也。饒魯氏云：「卿大夫所當得之地，謂之采地。君所特與，謂之書社地。言以此養其徒也。」吳程氏云：「書社七百里，是七百社，蓋萬七千五百家，非謂方七百里也。」若然，管仲書社三百者，謂以社之戶口書於版圖，三百社共七千五百家耳。社即里也，里亦謂之邑。古者九夫為井，四井為邑，二畝半之宅在田，二畝半之宅在邑。孟子所謂「收其田里」，是里即邑也。書其邑之人名，使相駢聯，易於稽察，故謂之駢邑，又謂之書社。先儒以駢邑為地名，豈齊大夫之采地真有所謂駢邑之名云哉？

論語類考卷二

論語類考卷三

地域考

泰山

朱子曰：「泰山，山名，在魯地。」

程復心氏曰：「泰山，兗州鎮山。實萬物之始，故稱岱。其位蓋五嶽之伯，故稱宗。」

張華氏《博物志》曰：「泰山一名天孫。」

元按：《一統志》云：「泰山在今濟南府泰安州北五里。」《山東通志》云：「泰山雄峙東方，[註1]為五嶽之長。《書》曰岱宗，《詩》曰魯瞻，《周禮》曰兗鎮，名號雖殊，然宗言統也，瞻繫望也，鎮主重也，咸極尊稱矣。」《左傳》云：「鄭伯請釋泰嶽之祀而祀周公。」《公羊氏》云：「山川能潤百里者，天子秩而祭之。不崇朝而雨天下者，唯泰山乎？」《白虎通》云：「王者功成封禪，必於泰山者，萬物之始，交代之處也。」季氏旅祭之僭，見《禮儀考》。

首陽

馬融氏曰：「首陽在河東蒲坂華山之北、河曲之中。」

元按：漢時河東蒲坂縣，即今山西平陽府蒲州。首陽山在州東南三十里，即《禹貢》雷首山也。山上有夷、齊墓並祠，馬融、顏師古、賈逵之說皆同。然山名首陽者頗多，而河南之首陽有五，其河南府偃師縣西北二十五里首陽

〔註1〕方，湖海樓本、湖北叢書本、叢書集成初編本作「山」。

山，世傳夷、齊隱處，上有夷、齊墓，〔註2〕高誘、杜預、阮籍之徒咸以為然。〔註3〕夫偃師，舊亳地也，武王伐紂還，息偃師徒，因有是名，恐夷、齊所隱不宜在此。又許慎謂首陽在遼西。夫遼西即今永平府，古孤竹國之遺墟在焉，其上亦有墓祠，豈後人因首陽之名而為之與？抑因夷、齊之故國而名其山為首陽與？

東蒙

朱子曰：「東蒙，山名。」

金履祥氏曰：「《寰宇記》：『蒙山在沂州費縣西北八十里，東蒙山在縣西北七十五里。』在蒙山之東，故云東蒙。」

元按：《一統志》云：「蒙山在費縣西北七十里。」《沂志》云：「在費縣西北五十里。」《書‧禹貢》云：「蒙、羽其藝。」《詩‧閟宮》云：「奄有龜、蒙。」所謂蒙者，即東蒙也。以其居魯之東，故名東蒙，又名東山，孟子云「登東山而小魯」是也。若以為在蒙山之東，則其山與眾山等耳，何得云顓臾主哉？

沂

朱子曰：「沂，水名，在魯城南。《地志》以為有溫泉焉，理或然也。」

元按：《禹貢》「淮、沂其乂」，而魯水名沂者不一，其最大者出沂水縣之艾山。又酈道元《水經注》云：「沂水，一出尼山，西北經魯之雩門；一出太公武陽之冠石山。」然則曾點所浴者，蓋指出尼山而經雩門之沂水，故浴後而風舞雩也。金履祥氏以沂出尼山東源，經魯城南而入泗。沂岸深而水淺，中有逵泉，冬暖夏冷，《地志》據冬而言，故曰溫泉云。

汶上

朱子曰：「汶，水名，在齊南、魯北境上。」

元按：金履祥氏云：「汶水出泰山萊蕪縣原山，西北入泲。」《泰安州志》云：「汶河之源有三，一出泰山之仙臺嶺，一出萊蕪縣原山之陽，一出萊蕪縣寨子村，至泰安州合焉。經兗州府寧陽、汶上縣界，又西過東平州，又北過東阿縣，又東北過長清諸縣，由濟入海。」又《水經》所載汶名有五，北汶、瀛汶、紫汶、浯汶、牟汶，名雖異而流則同。又《沂州志》亦有汶水，蓋近於費邑者。然閔子所指之汶上，當在濟、青之域。今青州府沂水縣西北七十里有閔

〔註2〕上，湖海樓本、湖北叢書本、叢書集成初編本作「山」。
〔註3〕籍，歸雲別集本作「藉」。

公山，世傳閔子避召處。但閔子所謂「如有復我，必在汶上」，乃其自誓之辭。季氏不復，閔子未必至汶上也。程子云：〔註4〕「仲尼之門，能不仕大夫之家者，閔子、曾子數人。」而《家語》乃記閔子騫為費宰，問政於孔子，孔子告以德法御民之語，豈閔子變其志耶？傳記漢儒所增，不可盡信，多類此。

津

鄭玄氏曰：「津，濟渡處。」

元按：《爾雅》云：「涉水處曰津。」《括地志》云：「黃城山在許州葉縣西南二十五里。」今葉縣隸裕州，黃城山在葉縣北十里。《聖賢冢墓記》云：「黃城山即長沮、桀溺耦耕處，下有東流水，即子路問津處。」而《一統志》於葉縣黃城山亦載子路問津事，蓋自葉適蔡之路也。

石門

朱子曰：「石門，地名。」

金履祥氏曰：「趙善譽《輿地考》云：『石門在東平之境。』」

元按：《春秋》隱公三年，冬，齊侯、鄭伯盟於石門。杜預氏云：「石門，齊地，在濟北盧縣故城西南。」又《水經注》云：「濟北盧縣故城西南六十里有石門。」然盧縣故城在今山東濟南府長清縣西南二十里，則石門當在今兗州府東平州平陰縣地，是齊、鄭所盟之石門，即子路所宿之石門也。《一統志》云：「平陰縣西二十五里山上有石門，東西相向，可通人行者是已。」而《沂州志》又云：「石門山在費縣西南八十里，即子路宿處。」似謬。

互鄉

朱子曰：「互鄉，鄉名。」

元按：《寰宇記》云：「徐州沛縣合鄉故城，古互鄉之地。蓋孔子難與言者。」《一統志》云：「互鄉在河南陳州商水縣。《論語》『互鄉難與言』即此。」二說不同。蓋沛縣在春秋時為宋地，商水乃陳地也。夫子嘗過陳、宋，未知孰是。

達巷黨　闕黨

朱子曰：「達巷，黨名。」又曰：「闕黨，黨名。」

元按：二黨地里，今不知何在。孟康氏云：「達巷黨人，項橐也。」荀卿氏云：「仲尼居於闕黨，闕黨之子弟罔不知有親者，多取孝弟以化之也。」又

〔註4〕云，湖海樓本、湖北叢書本、叢書集成初編本作「曰」。

仲尼所居之里謂之闕里。《括地志》云：「闕里在兗州曲阜西南三里。」《水經注》云：「孔廟東南五百步有雙石闕，即靈光之南闕。」又靈光殿基之東有兩觀闕。闕里之義，蓋本於此。而闕黨之稱，或亦近闕里者與？

陋巷

元按：《一統志》云：「陋巷在曲阜縣顏子廟前。」

東里

朱子曰：「東里，地名，子產所居也。」

元按：邢昺氏《疏》云：「東里，鄭城中里名。子產居東里，因以為號。」

三歸

朱子曰：「三歸，臺名。」

元按：《五經異義》云：「天子有三臺：靈臺以觀天文，時臺以觀四時，囿臺以觀鳥獸魚鱉。諸侯無靈臺，惟有時臺、囿臺而已。」管仲作臺，僭也。《一統志》云：「三歸臺在東平州東阿縣西二里。」然今之東阿縣即古阿邑，臨淄去阿遠，管仲相齊，豈築臺於遠地？若以阿為管仲采邑，考之《春秋》，則阿乃衛邑。齊桓公與魯莊公同時，莊公六傳而為襄公。《左傳》襄公十四年，孫林父敗衛侯於阿，則是時阿尚屬衛。其後齊威王烹阿大夫，乃衛亡之後也。管仲豈築臺於衛地？故知東阿三歸為妄。

舞雩

朱子曰：「舞雩，祭天禱雨之處，有壇墠樹木也。」

元按：《一統志》云：「舞雩臺在曲阜縣魯城南，一名雩壇。」餘詳《禮儀考》。

社稷

朱子曰：「社稷猶言公家。」

元按：顓臾始封，為附庸之國，以國事附於魯，本非魯臣。至春秋之世，各相兼併，顓臾始臣於魯，故孔子以為社稷之臣。稱國而必曰社稷者，王為群姓立社，曰大社；王自為立社，曰王社；諸侯為百姓立社，曰國社；諸侯自為立社，曰侯社；大夫以下立社，曰置社。天子社廣五丈，諸侯半之。天子社五色，冒以黃；而諸侯受土，各以其方之色，亦冒以黃，而苴以茅。蓋諸侯受封，必先立社。《禮記·王制》云：「諸侯祭社稷。」《周禮》：「小宗伯掌建國之神

位，右社稷，左宗廟。」又「匠人營國，左祖右社」，又「封人設其社稷之壝」，
又「小司徒立邦國之社稷」。《注》云：「社以祭五土之祇，稷以祭五穀之神。
祭社必及稷，以其同功均利而養人故也。」《祭法》王社、侯社無預農事，故
不置稷；大社、國社則農之祈報在焉，故皆有稷。其位在中門之右，其壝則北
面，不屋，其祭以甲日。天子用大牢，服則希冕；諸侯用少牢，樂則帗舞。蔡
墨云：「烈山氏之子曰柱，為稷，自夏以來祀之；周棄亦為稷，自商以來祀之。」
國立社稷而祭必有神，故以古之有功社稷者為之主。里有里社，如管仲書社三
百是也；邑有邑社，如子路謂費有社稷是也。孔子所謂社稷，則以國社、侯社
言，孟子云「民為重，社稷次之」是也。其曰社稷之臣者，猶言魯國之臣云爾，
不敢斥言魯君，故稱社稷也。

問社

邢昺氏曰：「社，五土之總神。夏都安邑，殷都亳，周都豐、鎬，其土各
有所宜木也。」

朱子曰：「古者立社，各樹其土之所宜木以為主也。」

元按：《周禮・大司徒》：「設其社稷之壝，而樹之田主，各以其野之所宜
木。」遂以名其社與其野，是自古社木固有不同者。然宰我所稱夏、殷之社，
乃亡國之社也。亡國之社則屋之，祭則為之尸。《郊特牲》云：「喪國之社屋之，
不受天陽也。」《春秋》哀公四年，六月，亳社災。孔穎達氏云：「亳社，殷社
也。武王伐紂，以其社班賜諸侯，使各立之，以戒亡國。其社有屋，故火得焚
之。《周禮》所謂右社稷者，乃天子、諸侯之正社稷。」又云：「決陰事於亳社，
言不與正社稷同也。」魯之外朝，東有亳社，西有國社，故《左傳》云「間於
兩社，為公室輔」是也。哀公問社於宰我，或因亳社之災，木燼於火，而欲求
木以植之，故以為問。而宰我乃舉三代所植之木為對耳，豈為非立社本意，而
宰我妄對乎？但孔子所以責宰我者，惟在「使民戰栗」之一語。《周禮》小宗
伯立軍社，而《尚書》謂「不用命，戮於社」，故朱子以宰我附會其說。然何
休氏注《公羊傳》，亦云：「松猶容也，想見其容貌而事之，人正之意也。柏猶
迫也，親而不遠，地正之意也。栗猶戰栗，敬謹貌，天正之意也。」豈休之言
有所受耶？餘見《草木考》。

山川

朱子曰：「山川，山川之神也。」

元按:《王制》:「天子祭天下名山大川,五嶽視三公,四瀆視諸侯。諸侯祭名山大川之在其地者。」《周禮》:「大宗伯以血祭祭五嶽,以狸沈祭山林川澤。」《小宗伯》:「兆山川、丘陵、墳衍,各因其方。」《山虞》:「若祭山林,則為主而修除,且蹕。」山川望祭,天子四望,達於四方。魯三望,惟祀泰山與河海,為其在境內也。祭山川之儀,其瑞用璋邸,其服用毳冕,其樂則奏蕤賓,歌函鍾,舞大夏,其鬯用蜃。其祭期以孟春、仲冬,而畢於季冬。其所用犧牲,則《月令》謂孟春毋用牝,他時固可以牝祭,而孔子必取騂角之牛,何哉?蓋孟春毋用牝者,〔註5〕謂祀山林川澤,而非謂祀名山大川也。名山謂五嶽,泰山、霍山、華山、恒山、嵩山;大川謂四瀆,江、河、淮、濟也。所謂「山川其舍諸」者,謂人之祭山川不能舍騂角,非謂山川之神不捨騂角也。

山梁

邢昺氏曰:「橋,梁也。」

元按:《爾雅》云:「堤謂之梁。」郭璞注云:「梁即橋也。」《衛風》云:「有狐綏綏,在彼淇梁。」毛萇注云:「石絕水曰梁。」謂之山梁者,其山溪水流之處,而為梁以渡者乎?夫雉本山棲,而山梁則人所往來之地。孔子見其色斯舉矣,翔而後集,乃歎曰「時哉時哉」。蓋色斯舉者,可以速則速也;翔而後集者,可以止則止也。時孔子去魯,蓋有感焉。若謂飲啄得其時,則動物之常耳,孔子何取哉?夫山梁雌雉,處非其地,而舉集得宜,可以避禍。時哉之歎,孔子所以教子路者至矣。子路不悟而共之,宜其不免於衛難。

溝瀆

元按:《爾雅》:「水注溝曰澮,注澮曰瀆。」瀆乃水之大者。後漢應劭奏議云:「昔召忽親死子糾之難,而孔子曰:『經於溝瀆,人莫之知。』」是以孔子「自經溝瀆」之言指召忽也。《春秋》莊公八年《左傳》云:「魯殺子糾於生瀆,召忽死之。」生瀆,《史記‧世家》作「笙瀆」,《注》云:「笙瀆,魯地句瀆也。」「句瀆」一作「溝瀆」。

諸夏〔註6〕

包咸氏曰:「諸夏,中國。」

馮椅氏曰:「諸夏,諸侯之稱。」

〔註5〕毋,湖海樓本、湖北叢書本、叢書集成初編本無。
〔註6〕「諸夏」至「豈孔子正名之意乎」,四庫本無,據諸本補。

　　元按：蘇子瞻《指掌圖說》謂：「武王克商有天下，兄弟之國十有五，姬姓之國四十人，爵五品而土三品，蓋千八百國。周室既衰，轉相吞滅，數百年間，列國耗盡。春秋之世，見於經傳者，總一百二十四國。蠻夷戎狄不在其間。」據蘇氏之說，則諸夏之國甚眾，宜乎地里廣遠也。然以今之輿地較春秋之國，則吳、越、楚、蜀皆蠻地，淮南皆群舒地，秦乃戎地，幽、薊之間乃群虞、肥、鼓山戎地，河南有新成之蠻，河西有白狄，河北有赤狄甲氏、留吁、鐸潞諸隗之種，渭首有狄貆，雖洛陽為王城，而有楊拒、泉皋、陸渾、伊雒之戎，杞雖雍邱，邾近魯國，皆用夷禮，而介、莒、萊、牟、徐、淮之國皆有夷名，其為諸夏者，惟晉、衛、齊、魯、宋、鄭、陳、許而已，地里不過今之數十州，蓋於天下不及五分之一耳。夫西周全盛之時，五服諸侯何有於夷狄哉？東遷而後，強豪攻並，禮廢樂壞，然後夷狄沿隙而入，赤體白窣之類，更據雜處於中原，衣冠之俗，蓋無幾也。甚而以夷狄僭諸夏之稱號，孔子傷之，於是乎作《春秋》。故徐之初也稱戎，莊公二十六年稱徐，〔註7〕僖公三年稱徐人，昭公四年稱徐子矣。楚之初也稱荊，莊公二十三年稱楚，僖公元年稱楚人，二十一年稱楚子矣。諸夏微而夷狄盛，其稱為子者，豈得已哉？管仲霸者之佐，孔子許以仁，為其能攘夷狄，禁披髮左衽之風也。說《春秋》者，謂夷而進於中國，則中國之。夫夷而可以並中國也，豈孔子正名之意乎？

夷狄蠻貊

　　鄭玄氏曰：「東方曰夷，南方曰蠻，西方曰戎，北方曰貊狄。」

　　郭璞氏曰：「九夷在東，八狄在北，七戎在西，六蠻在南，次四荒者。」

　　朱子曰：「蠻，南蠻；貊，北狄。」

　　元按：《曲禮》云：「東夷、西戎、南蠻、北狄，四夷各自為國。」舉夷狄則蠻貊可知，猶四時錯舉《春秋》之義。

九夷

　　朱子曰：「東方之夷有九種。」

　　元按：《尚書·旅獒》云：「惟克商，遂通道於九夷、八蠻。」《周禮·職方氏》：「掌天下之地，辨四夷、八蠻、七閩、九貉、五戎、六狄之人民。」《爾雅》云：「九夷、八狄、七戎、六蠻，謂之四海。」《明堂位》云：「九夷、八蠻、六戎、五狄。」夫四夷之數，參差不同。鄭玄注《周禮》，謂四八、七九、

〔註7〕稱，叢書集成初編本作「種」。

五六，周之所服國數，理或然也。孔子欲居夷，不言南蠻、西戎、北狄，而獨言東方之九夷，何也？范曄《東夷論》云：〔註8〕「東方之夷，天性柔順，易以道御。」昔箕子違衰殷之運，避地朝鮮，施八條之約，使人知禁，回頑薄之俗，就寬略之法，故東夷柔謹，異乎三方之風。孔子懷憤，欲居九夷，豈有感於箕子耶？《東夷傳》云：「九夷者，畎夷、方夷、黃夷、白夷、赤夷、玄夷、風夷、陽夷、于夷。」〔註9〕九種也。孔子居九夷，言九夷尚可化，而中國君臣不見用，故發此歎耳。嘗讀逸《論語》曰：「子欲居九夷，從鳳嬉。」嗚呼！孔子憂世甚切，豈為從鳳嬉也與哉？

論語類考卷三

〔註 8〕曄，歸雲別集本作「蔚宗」。
〔註 9〕于夷，四庫本作「干夷」，歸雲別集本作「千夷」，據湖海樓本、湖北叢書本、叢書集成初編本改。

論語類考卷四

田則考

鄰里鄉黨

朱子曰：「五家為鄰，二十五家為里，萬二千五百家為鄉，五百家為黨。」又曰：「二千五百家為州。」〔註1〕

元按：周制有鄉遂二法：王畿六鄉六遂，大國三鄉三遂，次國二鄉二遂，小國一鄉一遂。鄉以治國中，遂以治四郊。其鄉制則掌於大司徒，五家為比，五比為閭，四閭為族，五族為黨，五黨為州，五州為鄉。而遂法則掌於遂人，五家為鄰，五鄰為里，四里為酇，五酇為鄙，五鄙為縣，五縣為遂。比、鄰皆五家，閭、里皆二十五家，族、酇皆百家，黨、鄙皆五百家，州、縣皆二千五百家，鄉、遂皆萬二千五百家。鄉則有鄉大夫、州長、黨正、族師、閭胥、比長，遂則有遂大夫、縣正、鄙師、酇長、里宰、鄰長。是鄰與里屬之遂，而黨與州屬之鄉。然其制則因於井田，每井雖八家，六鄉之中有宅田、圭田、賈田，六遂之中有官田、牛田、賞田、牧田，餘夫之田，則一井有不滿八家者。故鄉遂惟以五家起數，自比而積至於鄉，自鄰而積至於遂，即《左傳》廬井有伍之法。而伍、兩、卒、旅、師、軍之名，亦由於此。凡曰鄰里、曰鄉黨、曰州里者，甚言居處相近之地，非在他邦也。《禮記》云「得罪於鄉黨州閭」，則鄉遂比鄰之名，蓋自古有之。

千室　十室

朱子曰：「千室，大邑。」又曰：「十室，小邑也。」

〔註1〕二千五百，四庫本作「二十五」，據歸雲別集本改。

元按：周制，九夫為井，四井為邑，四邑為丘，四丘為甸，四甸為縣，四縣為都。每井八家，家亦謂之室，又謂之宅。五畝之宅，半在田，半在邑。四井為邑，每邑凡三十二室。十室之邑，邑之至小者。千室之邑，則有一百二十五井，是邑之至大者。曰十曰千，舉成數耳。千室之邑，乃大夫之采地也。《載師》「以家邑之田任稍地」，治其邑者，大夫之家宰也。

千乘　百乘

馬融氏曰：「井十為通，通十為成，成出革車一乘。千乘之賦，其地千成，地方三百一十六里有畸。惟公、侯之封，乃能容之。諸侯千乘，大夫百乘。」

朱子曰：「千乘，諸侯之國，其地可出兵車千乘。百乘，卿大夫之家。」

元按：班固謂殷、周因井田而制軍賦，六尺為步，步百為畝，畝百為夫，夫三為屋，屋三為井，井方一里，是為九夫。八家共之，各受私田百畝，公田十畝，是為八百八十畝，餘二十畝，以為廬舍。井十為通，通十為成，成方十里。成十為終，終十為同，同方百里。同十為封，封十為畿，畿方千里。有稅有賦，稅以足食，賦以足兵。〔註2〕故四井為邑，四邑為丘，丘十六井也，有戎馬一匹，牛三頭。四丘為甸，甸六十四井也，有戎馬四匹，兵車一乘，牛十二頭，甲士三人，卒七十二人，干戈備具，是謂乘馬之法。一同百里，提封萬井，除山川、沈斥、城池、邑居、園囿、術路三千六百井，出賦六千四百井，戎馬四百匹，兵車百乘，此卿大夫采地之大者，是謂百乘之家。一封三百一十六里，提封十萬井，出賦六萬四千井，戎馬四千匹，兵車千乘，此諸侯之大者，是謂千乘之國。每乘有兩車，一曰兵車，即馳車也；一曰大車，即革車也。兩車總百人，謂之一乘。車百乘則有地百成，千乘則有地千成也。

百里

元按：《尚書大傳》云：「古者百里之國，三十里之遂，二十里之郊，九里之城，三里之宮。」季本云：「百里之國，並算郊內，兩面徑四十里，以四十里乘四十里，得一千六百里，除山林、陵麓、溝洫、城郭、宮室、塗邑，三分去一，得一千六十六里三分里之二。又以遂徑方六十里，乘六十里，得三千六百里，除郊內地一千六百里，得三千里，三分去一，得一千三百三十三里三分里之一。又以鄙徑方百里，乘百里，得一萬里，除遂內地三千六百里，得六千四百里，三分去一，得四千二百六十六里三分里之二。又通計鄉遂都鄙，三分

〔註 2〕賦以足兵，湖海樓本作「賦足以兵」。

去一，共六千六百六十六里三分里之二。此百里之國之數也。」詹道傳云：「大
國地方百里，積萬里，為田九十億畝，即九百萬畝，所謂提封萬井也。三分去
一，計三千三百三十三井，井三之一，實有田六千六百六十六井，井三之二。
每井九百畝，計六百萬畝。每井除公田二十畝為廬舍，共除一十三萬三千三百
三十三畝。公私通收五百八十六萬六千六百六十七畝。竊謂公、侯百里，乃其
實封爵祿之數，豈得三分去一於其間哉？」

方六七十，如五六十

朱子曰：「方六七十里，小國也。五六十里，則又小矣。」

元按：四圍曰方，方猶國也。六十里之國，未見於經傳。孟子云：「伯七
十里，子、男五十里。」《尚書大傳》云：「七十里之國，二十里之遂，九里之
郊，三里之城，一里之宮。五十里之國，九里之遂，三里之郊，一里之城，以
城為宮。」季本云：「七十里之國，郊內兩面徑方十八里。以十八里乘十八里，
得三百二十四里。三分去一，得二百一十六里。又以遂徑方四十里，乘四十里，
得一千六百里。除郊內三百二十四里，得一千二百七十六里。三分去一，得八
百五十里三分里之二。又以鄙徑方七十里，乘七十里，得四千九百里。除遂內
地一千六百里，得三千三百里。三分去一，得二千二百里。又通計鄉遂都鄙，
共三千二百六十六里二分里之二。若夫五十里之國，則郊內兩面徑方六里。以
六里乘六里，得三十六里。三分去一，得二十四里。又以遂徑方十八里，乘十
八里，得三百二十四里。除郊內地三十六里，得二百八十八里。三分去一，得
一百九十二里。又以鄙徑五十里，乘五十里，得二千五百里。除遂內地三百二
十四里，得二千一百七十六里。三分去一，得一千四百五十里三分里之二。通
計鄉遂都鄙，共計一千六百六十六里三分里之二。」詹道傳云：「七十里之國，
井田公私實收二百八十七萬四千六百六十七畝。五十里之國，井田公私實收一
百四十六萬六千六百六十六畝畝三之二。此皆三分去一之數也。竊疑非伯、子、
男之實封矣。蓋公、侯百里，提封萬井，則七十里之伯國，當積五千井，而半
於公、侯。五十里之子、男國，當積二千五百井，而半於伯。此其實數不可除
者也。古者封國止有七十、五十里，而冉求有六十里之說者，〔註3〕其意或在
伯、子、男國之間，不敢預擬耳。或問：《王制》《孟子》皆言公、侯百里，伯
七十里，子、男五十里，而《周禮》乃曰公五百里，侯四百里，伯三百里，子

〔註3〕里，四庫本無，據湖海樓本、湖北叢書本、叢書集成初編本補。

二百里，男百里，其制不同，何也？曰：《王制》《孟子》言諸國爵祿之實數，而《周禮》則以封疆言也。公、侯封疆之至，〔註4〕雖有五百里、四百里，而受田食祿，則七十里而已。子、男封疆雖二百里，而受田食祿，則五十里而已。如今之郡縣，大小不同，而俸秩乃其定祿也。《周禮》豈有異於《王制》《孟子》哉？但子、男之封疆有廣狹，而冉求六十之說，或有所見耳。不然，豈春秋之時，諸國侵並，〔註5〕非先王封疆之舊，而冉求乃有五六十、六七十不定之說耶？」

萬方

元按：萬，盈數也。萬方，猶言萬國。《外紀》謂黃帝畫野分疆，得百里之國萬區。劉恕疑百里者萬，非方十萬里不能容，是殆縱尺度之而不及於橫也。縱橫合度，則百里者萬，特方一萬里耳。《書》之稱堯則曰「協和萬邦」，稱禹則曰「萬邦之君」，稱湯則曰「誕告萬方」，稱武王則曰「撫萬邦」，是蓋極言其治化之遠，以萬為成數，謂遠近大小之國不止於千而已。鄭玄氏云：「州十有二師，每一師領百國，每州千二百國。畿外八州，總九千六百國，其餘四百國在畿內。」《王制》云：「天子之縣內，方百里之國九，七十里之國二十有一，五十里之國六十有三，凡九十三國。」又云：「天子之縣內，方千里者為方百里者百，封方百里者九，其餘方百里者九十一。又封方七十里者二十一，為方百里者十，方十里者二十九，其餘方百里者八十，方十里者七十一。又封方五十里者六十三，為方百里者十五，方十里者七十五，其餘方百里者六十四，方十里者九十六。」又云：「凡九州千七百七十三國，天子之元士、諸侯之附庸不與。」孔穎達注云：〔註6〕「此殷制也。」蓋以《洛誥》謂天下諸侯受命於周者千七百七十三國，與數同，故知《王制》所言為殷時諸侯之數。若然，則湯之所謂萬方者，豈真合乎萬數哉？或者以為三代地域惟殷為狹，是拘於殷方三千里，夏、周皆方七千里之說，而不知三代疆理天下，皆地盡四海，故禹之外薄四海，湯之肇域四海，武王則富有四海之內，豈有三千里、七千里廣狹不同之若是乎？三代田里雖無考徵，而漢制則可例見。漢時天下之地，東西九千三百二里，南北一萬三千三百六十八里，提封田一萬萬四千五百一十三萬六千四百五頃，除邑居、道路、山川、林麓，計一萬萬二百五十二萬八千八百八十

〔註4〕至，歸雲別集本作「制至」。
〔註5〕國，湖海樓本、湖北叢書本、叢書集成初編本作「侯」。
〔註6〕注，湖北叢書本、叢書集成初編本作「疏」。

九頃，其可墾田計三千二百二十九萬九百四十七頃，其已墾田計八百二十七萬
五百三十六頃，雖夏后、殷、周之盛，豈有過於漢時哉？然漢以二百四十步為
畝，當周步百之畝二畝四分，每頃當周二百四十畝，可墾之田三千二百二十九
萬九百四十七頃，當周七千七百四十九萬八千二百七十二頃八十畝。成周時，
畿內提封百萬井，井九頃，為田九百萬頃，除外尚餘六千八百四十九萬八千二
百七十二頃八十畝。以方百里之國提封萬井，為田九萬頃者約之，當得百里之
國七百六十一。其九萬頃之田中分之，則四萬五千頃，〔註7〕而為七十里之國；
四分之，則二萬二千五百頃，而為五十里之國，不盡八千二百七十二頃八十畝。
若止以七十里之國提封田四萬五千頃約之，當得七十里之國一千五百二十二，
亦不盡八千二百七十二頃八十畝。又止以五十里之國提封田二萬二千五百頃
約之，當得五十里之國三千四十四，亦不盡八千二百七十二頃八十畝。夫大之
則為百里之國七百六十一，次之則為七十里之國一千五百二十二，又次之則為
五十里之國三千四十四，而不盡之田可析為附庸者不與焉。幅員相依，大小交
錯，其形固不能如棋局之方，而其數亦不止於《王制》所謂千七百七十三國。
執玉者不皆百里，執帛者不皆五十里，隸以連帥，繫以州伯，而統於天王，數
雖未必合乎萬，而自千以上，皆可以萬稱。又況聖人聲名洋溢，蠻貊尊親，安
可以侯封定數，而謂殷湯地狹萬方之言為虛哉？〔註8〕

溝洫

邢昺氏曰：「《考工記》鄭注云：『一井之中，三屋九夫，三三相具，以出
賦稅，治溝也。方十里為成，成中容一甸，甸方八里出田稅，緣邊一里治洫也。
方百里為同，同中容四都，六十四成，方八十里出田稅，緣邊十里治澮也。』
此溝洫之法也。」

朱子曰：「溝洫，田間水道，以正疆界、備旱潦者也。田間之道，蓋因田
之疆畔，制其廣狹與其橫縱，以通人物之往來，即《周禮》遂上之徑、溝上之
畛、洫上之涂、澮上之道也。遂廣二尺，溝四尺，洫八尺，澮二尋，則丈有六
尺矣。徑容牛馬，畛容大車，涂容乘車一軌，道二軌，路三軌，則幾二丈矣。
此其水陸占地，不得為田者頗多。先王非不惜而虛棄之也，所以正經界，止侵
爭，時蓄洩，備水旱，為永久之計，有不得不然者。商君以急刻之心，行苟且
之政，盡開阡陌，以盡地利，千古聖賢傳授精微之意泯矣。」

〔註7〕千，四庫本作「十」，據湖海樓本、湖北叢書本、叢書集成初編本改。
〔註8〕萬方，湖海樓本、湖北叢書本、叢書集成初編本無。

　　元按：《周禮》：「遂人掌邦之野，夫間有遂，十夫有溝，百夫有洫，千夫有澮，萬夫有川。」說者以為夏后氏之田制貢法也。又《匠人》：「為溝洫，耜廣五寸，二耜為耦，一耦之伐，廣尺深尺，謂之畎。田首倍之，廣二尺，深二尺，謂之遂。九夫為井，井間廣四尺，深四尺，謂之溝。方十里為成，成間廣八尺，深八尺，謂之洫。方百里為同，同間廣二尋，深二仞，謂之澮。」說者以此為助法。賈公彥云：「遂人之法，溝橫而洫縱。匠人之法，溝縱而洫橫。」蓋言鄉遂都鄙之制不同耳。自今考之，則《周禮》《王制》《司馬法》未嘗不合，而世儒紛紛起議，無怪乎三代井田不可行於後世也。夫小司徒經土地而井牧其田野，為井邑丘甸縣都，此即《司馬法》通成終同之制，井田之正法也。有田必有水，故以遂溝洫澮川環之。有水必有道，故以徑畛涂道路通之。水與道既依於田，則井田之餘必有磽确之處可以為田而不成井者，亦有萊牧錯雜之處，〔註9〕而不可以定數者矣。其道水也，則十夫有溝，而至於萬夫有川，豈拘拘於棋局之畫，而無通變之妙哉？《王制》云：「山林、川澤、林麓、溝瀆、城郭、涂巷，三分去一。」此乃田之實數也。其三分益一者，則以水與道及山川、城郭、萊牧之處言之。〔註10〕故《小司徒》亦云：「周知九州之地域廣輪之數，辨其山林、川澤、丘陵、墳衍、原隰之名物。」蓋謂此也。《孟子》云：「請野九一而助，國中什一使自賦。」〔註11〕此則言其大略。都鄙非無貢，而助法多；鄉遂非無助，而貢法多耳。漢儒乃謂鄉遂用貢法，十夫有溝；都鄙用助法，八家同井。豈都鄙之田無一溝洫以備旱潦者乎？何其泥於一偏之論，而不究三代變通之法也？孔子稱禹盡力乎溝洫，蓋禹平洪水之患，又治田間之水，使大小相注，各循其道，然後可以定九州田壤貢賦之制。《皋陶謨》亦云「濬畎澮距川」，謂禹之盡力溝洫，豈不然哉？

徹

　　邢昺氏曰：「古者公田之法，十取其一，謂十畝之內取一也。《春秋》宣公十五年，初稅畝，又履其餘畝，是十取二矣。《周禮·載師》云：『凡任地，近郊十一，遠郊二十而三，甸、稍、縣、都皆無過十二，漆林之征二十而五。』彼謂王畿之內所共多，故賦稅重。諸書所言十一，皆謂畿外之國也。《孟子》云『請野九一而助，國中什一使自賦』，則郊外、郊內，其法不同。」

〔註 9〕萊，四庫本作「菜」，據諸本改。
〔註10〕萊，四庫本作「菜」，據諸本改。
〔註11〕什，四庫本作「十」，據湖海樓本、湖北叢書本、叢書集成初編本改。

朱子曰：「徹，通也，均也。周制，一夫受田百畝，而與同溝共井之人通力合作，計畝均收。大率民得其九，公取其一，故謂之徹。」

元按：三代貢、助、徹本無二法，於民所受田中取其租，謂之貢；就其中留公田藉民耕而官收其租，謂之助，助即徹也。公劉乃殷之諸侯，其詩曰「徹田為糧」，則當時已謂助為徹矣。但末世人皆自利，不相通融，而失助之本意，故周特以徹名，欲人知有通義耳。貢法無常田，而歲有常額，猶今之計畝收租也。助則官有常田，租無常額，猶今之就田分租也。觀夏人有休助之諺，則貢法之始亦非不善，自上奪民時，不得耕耨，而歲必取盈，如龍子所譏者，是用貢之弊，所以不善，而殷改為助也。《孟子》云「雖周亦助」，又云「夏后氏五十而貢，殷人七十而助，周人百畝而徹」，蓋舉夏后氏之貢以起殷之助，見周徹亦用助之意，非謂徹兼貢、助而以夏、殷起之也。周之徹法，天子畿內提封百萬井，姑未暇論，〔註12〕試言諸侯百里之國，提封萬井，每井公田百畝，當有百萬畝，每畝約收粟一石八斗，當為一百八十萬石。一井八家，每家祗以匹婦為率，當為八萬婦，每婦約收布絹二疋，當為十六萬疋，而絲絮不與焉。以守宗廟之典籍，如祭祀、宮室、婚姻、死喪，百官之廩祿燕饗，諸侯之幣帛饔飧，並賞賜賢勞，存問長老，皆吉凶賓嘉之常禮。至於軍需，則有車馬甲兵之備，旌旄戎服之修，或取之粟米，或取之布縷，則租稅所入，費已充足，魯宣公何為稅畝耶？蓋春秋之時，盟會禮繁，兵戎事廣，竭民力以供轉輸，逞嗜慾以違農時，則國用匱乏，乃履畝加稅，亦勢之所趨也。稅畝，即衰夏不善之貢法也。既稅畝，而哀公又有年饑用不足之患，故有若以徹為言，欲其節用愛民，而國用自足。《左傳》云：「季孫欲以田賦，使冉有訪諸仲尼。仲尼不對，而私於冉有曰：『季孫若欲行而法，則有周公之典在；〔註13〕若欲苟而行，又何訪焉？』」夫魯之君臣皆欲加賦，而有若之所謂徹，即孔子所稱周公之典也。或疑《周禮》即周公之典，何以無公田之文？愚謂周之公田在九夫之中，而徹法則十取其一。然載師所掌，自園廛至漆林之征，有輕於十一者，有重於十一者，鄭玄求其說而不得，乃曰：「周制輕近而重遠，王畿用貢，邦國用助。」蓋不知《周禮》雖未明言公田之徹，而徹法固已昭然可考。小司徒經土地而井牧其田野，自九夫為井，至四縣為都，非井田乎？有井田則有公田矣。又云「作民職以令地貢，以斂財賦」，非公田之徹乎？遂人之職云「以興鋤利甿」，謂興起

〔註12〕姑，湖海樓本作「始」。
〔註13〕有，四庫本無，據湖海樓本、湖北叢書本、叢書集成初編本補。

眾民共耕公田也。里宰之職云「以歲時合耦於鋤」，謂合眾力耦耕公田也。旅師之職云「聚野之鋤粟」，謂不合耦以耕公田，而罰其公田之稅粟也。倉人之職云「掌粟入之藏」，是公田所收之粟也。然則公田之徹，《周禮》昭然可考如此。鄭玄乃謂王畿用貢，是執「國中什一使自賦」之一言，而不探孟子之本旨也，豈非疏乎？蓋先儒以班祿之制不見於《周禮》，故起成周無公田之說。然成周公田之法，至詳且密。其耕也，有草人以化其土，有司稼以辨其種，〔註14〕相地宜而巡稼穡，有里宰以合其耦，有遂人以興其眾，有旅師、倉人以斂其粟，有卒伍之法以令其入，有遺人以掌其委積，有司祿以頒其用。公卿大夫則有采地，士大夫之在職與庶人在官之祿，則給於司祿。大役、賓客、喪紀、軍旅之用，則給於遺人。所用之餘，以為賑貸凶荒之備，此所以百姓與君無不足也。

稼圃

馬融氏曰：「樹五穀曰稼，樹菜蔬曰圃。」

元按：《周禮》：「太宰以九職任萬民，一曰三農，生九穀；二曰園圃，毓草木。」大司徒「辨十有二壤之物而知其種，以教稼穡樹藝」。載師以場圃任園地，〔註15〕場人掌國之場圃。閭師任農以耕事，貢九穀；任圃以樹事，貢草木。而又有遂人教稼穡，遂師巡稼穡，遂大夫修稼政。至於鄰長、里宰、縣正、司稼之官，又各以趨稼事、相土地、辨稼種為職。〔註16〕蓋成周以農開國，故其重農如此。而官與民日周旋於田畝，而情無所間，故所謂「饁彼南畝，田畯至喜」，〔註17〕其風可想矣。今樊遲問稼圃，而孔子拒之，何也？蓋《周禮》所云稼穡，即《無逸》《豳風》之旨，周公導君以重農也。樊遲請學稼圃，是欲親為小人之事，將以倡率乎四方之民，而不知其勢不可也。故孔子拒樊遲，與孟子辟許行之意無異焉。戴埴氏《鼠璞》云：「古者人各有業，一事一物，必有傳授。如農事本末源流，稍見於《生民》《七月》。《周禮》任農任圃之職，〔註18〕老農老圃蓋習聞其業。今所傳《齊民要術》，可推其概。《管子·地員》一篇，載土地所宜，〔註19〕比《禹貢》為詳。而《亢倉子》說農道，比《管子》尤詳。《漢藝文志》：《神農》二十篇，《野老》十七篇，《宰氏》十七篇，《董安

〔註14〕辨，湖海樓本、湖北叢書本、叢書集成初編本作「辨」。
〔註15〕圃，四庫本作「園」，據歸雲別集本改。
〔註16〕又，湖海樓本、湖北叢書本、叢書集成初編本無。
〔註17〕故，四庫本無，據湖海樓本、湖北叢書本、叢書集成初編本補。
〔註18〕職，湖海樓本、湖北叢書本、叢書集成初編本作「賦」。
〔註19〕所，四庫本作「沂」，據諸本改。

國》十六篇，《尹都尉》十四篇，《趙氏》五篇，《氾勝之》十八篇，《王氏》六篇，《蔡葵》一篇，凡九家，百十四篇。要之，各有傳授，不可例以夫子鄙須，遂謂無此學也。」

躬稼

朱子曰：「禹平水土，暨稷播穀，身親稼穡之事。」

元按：馬融氏云：「禹盡力於溝洫，稷播百穀，故曰躬稼。」竊謂躬稼者，身親為稼穡之事，可以稱稷，而未可以稱禹也。然書傳禹、稷多並稱，故躬稼者，稷也，而孔子兼稱乎禹；八年於外，三過其門而不入者，禹也，而孟子兼稱乎稷，是禹之躬稼，固不必求其實也。

耦耕

朱子曰：「耦，並耕也。」

饒魯氏曰：「兩耜同隊而耕，謂之耦耕。」

元按：《周禮·匠人》：「耜廣五寸，二耜為耦。」賈公彥注云：〔註20〕「二耜為耦者，二人各執一耜，若長沮、桀溺耦而耕也。」《周頌》云「十千維耦」，《國語》云「農夫作耦」是已。然古者耕必以牛，而服牛以耕者，人也。觀冉耕、司馬耕皆以牛為字，則耕之義可見。而賈公彥乃謂後漢始用牛耕，豈其然乎？兩人並耕謂之耦，而吳孫權以八牛為四耦，亦當以八人耕矣。董仲舒云：「禹見耕者五耦而軾。」蓋服牛耕稼，自炎黃以來有之。

耰

鄭玄氏曰：「耰，覆種也。」

程復心氏曰：「耕畢而種，種畢又復耕，轉土以蓋之，謂之耰。」

元按：許慎氏《說文》云：「耰，摩田器也。」《韻會》云：「布種後，以此器摩之，使土之開處復合，所以覆種。」賈思勰云：「古曰耰，今曰勞。諺云：『耕而不勞，不如作暴。』」勞即今之壓田也。賈誼云：「秦民借父耰鋤，猶有德色。」耰與鋤皆田器，《論語》所謂「耰而不輟」，蓋執耰田之器以用力於耰耳。

論語類考卷四

〔註20〕注，湖北叢書本、叢書集成初編本作「疏」。

論語類考卷五

官職考

冢宰

馬融氏曰：「冢宰，天官卿，佐王治者。」

朱子曰：「冢宰，大宰也。」〔註1〕

元按：殷制，建官先六太，一曰太宰，無冢宰之名。杜佑《通典》云：「太宰於殷為六太，於周為六卿，亦曰冢宰。」蓋周武王既黜殷命，參考殷官，始改太宰為冢宰。夫高宗殷君，而孔子曰聽於冢宰者，舉周官之名耳。冢宰、太宰，周通稱也。《周禮》云：「乃立天官冢宰，使帥其屬。」又云：「太宰卿一人。」鄭玄注云：「冢，大也。宰，官也。百官總焉謂之冢，列職於王則稱太。」〔註2〕陸德明注云：「宰，調和膳羞之名。」此冢宰亦能調和眾官，故號太宰。〔註3〕柯尚遷注云：「冢，山頂也，大也。宰，主也，制也。謂所主制者大也。」兼眾說，而冢宰之義明矣。

大宰

孔融氏曰：「太宰，官名。或吳或宋，未可知也。」

吳程氏曰：「《左傳》魯、鄭、楚諸國皆有是官，不但吳、宋也。」

金履祥氏曰：「天子之宰曰太宰。宋，王者之後；吳僭王，故當時其宰亦稱太宰。」

元按：鄭玄、邢昺皆以太宰為吳，蓋據《左傳》哀公十二年，公會吳於

〔註1〕大，歸雲別集本作「太」。

〔註2〕太，四庫本作「大」，據諸本改。

〔註3〕太，四庫本作「大」，據湖海樓本、湖北叢書本、叢書集成初編本改。

橐皋，吳子使太宰嚭請尋盟。又子貢嘗適吳，知太宰嚭之為人。今《越絕書》詳載其語，故鄭、邢以為吳太宰也。然洪興祖則以為宋，蓋據《列子・仲尼閒居篇》，〔註4〕商太宰見孔子，有「丘聖者歟」之問也。又王柏云：「觀『知我少賤』之辭，宜是宋。」而金履祥亦云：「夫子本宋人，雖居魯而娶於宋，又嘗長居宋，則是太宰素知其少長之事也。」若然，則太宰當屬宋，但姓名無考耳。

百官

馬融氏曰：「己，謂百官。」

元按：百官之數，孔子概言之耳，非真以百計也。《周書》云：「唐虞稽古，建官惟百。」是唐虞以前亦當有百官矣。《明堂位》云「有虞氏官五十」，而鄭玄、杜佑則以唐虞之官止有六十，說者乃謂唐虞官多兼攝，豈二典釐百工、宅百揆之言不足信乎？又孟子謂堯使百官事舜於畎畝之中，況舜踐帝位，安得而無百官也？《禮記》云「夏后氏官百」，然以三公、九卿、二十七大夫、八十一元士計之，則一百一十有七，故鄭、杜皆云夏官一百二十。《周書》又云「夏、商官倍」，謂倍唐虞也，數當二百，故《明堂位》云「殷官二百」，而鄭、杜皆以殷官二百四十。《王制》又以殷、周內官皆二千六百四十三人。所謂內官者，天子之官，非侯國之官也。夫三代官數，後儒往往各記其傳聞，故參差不同如此。若考《周禮》官數，公三人，卿二十四人，中大夫六十八人，下大夫二百九十三人，〔註5〕上士一千一百三十三人，中士四千五百三十六人，下士一萬九千二百九人，共計二萬五千二百六十六人，其數又豈止於百而已哉。然《周禮》太宰之文，則多稱百官，其掌邦之六典，則曰禮典以統百官，政典以正百官，刑典以刑百官，事典以任百官。其祀五帝，則曰掌百官之誓戒。其作大事，則曰戒於百官，贊王命。其計吏治，則曰歲終詔王廢置百官。是百官之聽於冢宰，不獨天子諒陰之時為然也。夫《周禮》官不止於百，而多稱百官。滕國至小，而世子亦曰父兄百官。然則百官之稱，乃古今之常語，而唐虞三代之建官，豈必吻合乎百數而後謂之百官哉？

公卿

元按：《禮記》：「虞、夏、商有師、保，有疑、丞，設四輔及三公，不必

〔註4〕居，湖海樓本、湖北叢書本、叢書集成初編本無。
〔註5〕三，歸雲別集本作「二」。

備，惟其人，言使能也。天文三台，以三公法焉。伊尹曰：『三公調陰陽，九卿通寒暑。』周成王作《周官》，云：『立太師、太傅、太保，茲惟三公。少師、少傅、少保，曰三孤。』」杜佑謂三太為周之三公，而三少、孤卿與六卿為九焉。《周禮》建外朝之法，以左九棘為孤卿大夫之位，面三槐為三公之位，〔註6〕其典命則三公八命，卿六命。《王制》云：「天子三公九卿。」又云：「大國、次國三卿，小國二卿。」是侯國有卿而無公。自周衰官失，而百職淆亂，侯國邑宰亦稱公矣。孔子正名分，其曰「出則事公卿」者，非謂魯臣之公卿也，蓋稱魯君為公，而魯臣為卿耳。又《周禮·地官》二鄉公一人，每鄉卿一人，是謂鄉官，有爵秩而無官府。孔子所謂公卿者，豈指是耶？

上大夫　下大夫

元按：《王制》：「上大夫，卿。」又云：「大國、次國三卿，小國二卿，皆下大夫。」又云：「次國之上卿，位當大國之中，中當其下，下當其上大夫。小國之上卿，位當大國之下卿，中當其上大夫，下當其下大夫。」是《王制》未嘗言中大夫也。而《周禮》六官之屬則有卿，有上大夫、中大夫、下大夫，豈天子之大夫有三等，而侯國乃無中大夫耶？所謂大國三卿者，謂立司徒兼冢宰之事，立司馬兼宗伯之事，立司空兼司寇之事。故《春秋左傳》云：「季孫為司徒，叔孫為司馬，孟孫為司空，是三卿也。」以此推之，成周之制，侯國未嘗特立冢宰、宗伯、司寇之官，其有此官，乃侯國之僭設耳。魯之三家為三卿，是皆上大夫之職。而孔子仕魯，自下大夫為上大夫，闇闇侃侃之言，其當為下大夫之時乎？

司敗

孔融氏曰：「司敗，官名。」

朱子曰：「司敗即司寇也。」

元按：《左傳》文公十一年，楚子西曰：「臣歸死於司敗。」杜預注云：「陳、楚名司寇為司敗。」《周禮·秋官·司寇》，鄭玄注云：「寇，害也。掌刑者謂之司寇，亦謂之司敗。」是刑所以禁其敗類者而已。陳改司寇為司敗，避太子禦寇之諱，猶晉以僖侯改司徒為中軍，宋以武公改司空為司城也。

士師

孔融氏曰：「士師，典獄之官。」

〔註6〕面，湖海樓本、湖北叢書本、叢書集成初編本無。

金履祥氏曰：「古者民頗少學，而習文史、有才能者謂之士。獄官，民之司命，故以士為之。其長則為士師，後世遂以獄官為士師。」

王柏氏曰：「刑官曰士，其長曰師，故《周禮》士師之下有鄉士、遂士、縣士、方士、訝士，皆掌獄詞者。」

元按：《尚書》舜命皋陶曰「女作士」，穆王訓刑曰「士制百姓於刑之中」，是古之刑官惟稱士而已。周立大司寇，乃以士稱屬官，故《周禮》刑官之屬曰士師，下大夫四人。而士師之職則掌五禁之法、五戒之用、鄉閭什伍追胥之事，又掌官中之政令與士之八成，〔註7〕凡凶荒、獄訟、祭祀、賓客、軍旅之會，無不賴其訓約，其職非不重且嚴也。自周衰法弛，司寇專恣，而士師之職始輕。如蚳鼃辭靈丘而請士師，則士師在邑宰之下，官小可知矣。孟子謂柳下惠不卑小官，為其三任士師也。惠因刑罰不中，當屢有諫諍，其致三黜也亦宜。然孟氏使陽膚為士師者，何也？蓋孟氏在魯，以司空兼司寇之任，士師乃其所屬耳。曾子所謂「得情勿喜」，其亦以士師禁戒之法未明於當時，乃以告於門弟子，憫愚民而警孟氏與？

小相

朱子曰：「相，贊君之禮者。言小，亦謙辭。」

元按：《周禮·秋官·司儀職》云：「掌九儀之賓客、擯相之禮，以詔儀容、辭令、揖讓之節。」鄭玄注云：「出接賓曰擯，入贊禮曰相。」《司儀職》又云：「凡諸公相為賓，及將幣，交擯，三辭，車逆，拜辱。賓車進，答拜，三揖三讓。每門止一相。」鄭玄注云：「相謂主君擯者及賓之介也。謂之相者，於外傳辭耳。入門當以禮紹侑也。介紹而傳命者，君子於其所尊不敢質，敬之至也。每門止一相，彌相親也。」《大宗伯職》云：「朝覲會同，則為上相。」《聘禮》云：「卿為上擯，大夫為承擯，士為紹擯。」《玉藻》云：「君入門，介拂闑，大夫中棖與闑之間，〔註8〕士介拂棖。」〔註9〕是卿為上介，大夫為次介，士為末介也。赤之願為小相者，謙不敢為上擯、上介之卿，願為承擯、紹擯、次介、末介之大夫、士耳。

使擯

朱子曰：「擯，主國之君所使出接賓者。」

〔註7〕官，歸雲別集本作「宮」。
〔註8〕中棖，四庫本作「中闑」，據諸本改。
〔註9〕介，四庫本、歸雲別集本無，據湖海樓本、湖北叢書本、叢書集成初編本補。

汪炎昶氏曰：「《周禮·行人》：『上公九介，侯、伯七介，子、男五介，各隨其命數。賓次於大門之外，主人使擯者出而請事。主國之君，公則擯者五人，侯、伯四人，子、男三人，各用其命數之強半，下於賓，以示謙也。若其傳命之制，賓立於庫門之外，即大門，直闑西，北面；介者以次立於西北，東面；每介相去三丈六尺。主君出接，立於庫門之外，直闑西，南面；擯者以次立於君之東南，西面；每擯相去亦三丈六尺。末擯與末介相對，東西亦相去三丈六尺。主君命上擯請問來故，蓋雖知其來朝，不敢自許其朝己，恐其或為他事而來，所以示謙也。上擯受君命而傳之，承擯迤邐傳至末擯，末擯傳至末介，以次繼傳，上至於賓，賓命上介復命，復以次傳之擯而達於主君，然後主君進而迎賓以入。』」

元按：古者諸侯相見之禮，賓主各有副，賓副曰介，主副曰擯。上公之禮，介九人，擯五人，朝位，賓主之間九十步；侯、伯介七人，擯四人，賓主之間七十步；子、男介五人，擯三人，賓主之間五十步。諸侯之卿相見，各下其君二等，謂如公之卿則七介，侯、伯卿五介，子、男卿三介，則擯亦半之。其大夫又下於卿二等。邢昺云：「賓若是公，來至門外，直當闑西，去門九十步而下車，當軹北嚮而立。九介立在君之北，迤邐西北，並東嚮而列。主君出，直闑東，南嚮立。擯在主人之南，迤邐東南立，並西嚮。末擯與末介相對，中間相去三丈六尺。主君問賓來意，傳言於上擯，歷次擯，至末擯，傳末介，歷次介、上介至於賓，賓答來意，則自上介漸歷次介、末介，及末擯至上擯，告於主人，然後迎賓至門。若使者來聘，則主君至大門，不出限，南面而立，不傳命。上擯進至末擯間，南揖賓。賓亦進至末介間，上擯揖而請事，入告君。君在限內，乃相與入也。凡門外列擯介，皆在主賓之前，及入門，則擯介皆隨主賓之後。賓退，必復命曰賓不顧矣。蓋賓退，主人送出門外，設兩拜，賓更不顧而去。國君於列國之卿大夫亦然。」

令尹

朱子曰：「令尹，官名，楚上卿執政者也。」

元按：邢昺云：「令尹，宰也。蓋《周禮》六官，以冢宰為長。楚改宰為令尹，遂以令尹為上卿之號。然楚人從他國之言，或亦謂之宰。《左傳》宣公十二年，『蒍敖為宰』是也。令，善也。尹，正也。言用善人正此官也。」子文三仕為令尹。《左傳》莊公三十年，子文為令尹。至僖公二十三年，子玉為令尹。二十八年，子玉死，蒍呂臣為令尹。三十三年，子上為令尹。其後子文

死,《左傳》乃書曰:「令尹子文卒,鬥般為令尹。」是子文死時尚為令尹,死後乃鬥般繼之耳。子玉之為令尹也,子文先為之治兵。子玉、呂臣、子上之間,子文蓋執其政以代其缺,故有三仕三已之說。

宰 臣 老

朱子曰:「宰,邑宰,家臣之通號。」

元按:邑宰之稱,取其主制一邑之事。千室之邑有邑宰,百乘之家有家臣,皆謂之宰。古之邑宰,不必限以千室。天子畿內提封萬井,當有八百萬家,合千室而置一邑,則有八千邑。邑設一宰,似為太繁。季本氏乃謂古之置宰,多由民所推,其俸祿皆民自給,不與於天子設官之數。家臣亦然。觀原思為宰,而孔子與粟九百,蓋自分其祿以食家臣也。殊不知家臣、邑宰之祿,皆其邑之所自出。孔子為司寇,必有采邑,故以原思為邑宰,即當食其邑九百之粟,非分己九百之祿以食家臣也。〔註10〕杜佑氏云:「周官有縣正,各掌其縣之政令而賞罰之。春秋之時,列國相滅,多以其地為縣,則縣大而郡小,故《傳》謂上大夫受縣,下大夫受郡。《汲冢周書・作雒篇》亦曰:『千里百縣,縣有四郡。』是縣大於郡矣。縣邑之長,有宰,有尹,有公,有大夫之名。魯、衛曰宰,楚曰公曰尹,晉曰大夫,其職一也。」沈諸梁為葉尹而稱葉公,猶鬥班為申尹而稱申公,皆僭稱耳。子游為武城宰,子夏為莒父宰,子路使子羔為費宰,皆謂之邑宰。費雖季氏私邑,然采地之公田在焉,其實亦邑宰也。若夫仲弓為季氏宰,原思為之宰,公叔文子之臣,子路使門人為臣,孟公綽為趙、魏老,則皆家臣也。夫趙、魏不稱臣而稱老,朱子注云:「老,家臣之長。」然有長必有佐,豈晉卿家大,其家臣固非一人所能任,而公綽之才獨優於為老乎?

封人

朱子曰:「封人,掌封疆之官。」

元按:《周禮》封人掌為畿封而樹之,鄭玄云:「畿上有封,若今時界也。」邢昺云:「天子封人職掌封疆,則知諸侯封人亦然。」《莊子》云:〔註11〕「麗之姬,艾封人之子也。」《左傳》穎谷封人,祭仲足為祭封人,宋高哀為蕭封人。夫穎谷、祭、蕭皆國之邊邑,故知封人職典封疆也。然《周禮》又有掌疆

〔註10〕食,歸雲別集本作「與」。
〔註11〕云,歸雲別集本作「曰」。

之官，列在掌固、司險二官之後，其職皆典封疆，而封人之職則重在設社壇、造都邑，凡祭祀、喪紀，並賓客、軍旅之盟，惟飾牛牲而已。其曰凡封國，封其四疆，謂其封建如此，非謂其守封也。故封人屬於司徒，掌疆屬於司馬，亦以國有大故及用兵之時，掌疆乃其所急耳。然春秋封人皆在邊邑，實掌疆之職，豈成周之初以封人分疆，其後遂以為掌疆，抑掌疆之官別有設與？

行人

朱子曰：「行人，掌使之官。」

元按：《周禮·秋官》有大行人、小行人，皆大夫也，掌諸侯朝覲、宗廟會同之禮儀，及時聘會同之事，則諸侯之行人亦然。

晨門

邢昺氏曰：「晨門，掌晨昏開閉門者，謂閽人也。」

朱子曰：「晨門掌晨啟門。」

元按：《周禮》有司門、司關之官。王畿千里，王城在中，城之四面各三門，共十二門，以司門掌之。其五百里界首，每面置三關，亦十二關，以司關掌之。鄭玄注云：「關，界上之門是已。」司門之職則曰「掌授管鍵以啟閉國門，凡四方之賓客造焉，則以告」。司關之職亦曰「凡四方之賓客叩關，則為之告」，是亦授管鍵以啟閉關門者。列國皆有門有關，石門在齊之界上，是亦關也。晨則啟門，昏則閉門，本一人之職。謂之晨門者，以子路宿於石門，次晨出關，遇司關者啟門，乃相為問答耳。

太師　少師　師

何晏氏曰：「大師，樂官名。」

邢昺氏曰：「大師，猶《周禮》之大司樂也。」又曰：「大師，樂官之長。」

朱子曰：「少師，樂官之佐。」

元按：《周禮》大司樂中大夫二人，樂師下大夫四人，鄭玄注：「大司樂，樂官之長也。」又有大師下大夫二人，小師上士四人，鄭玄注云：「樂用瞽矇，命其賢智者為大師、小師。」杜蒯以曠為大師，是也。竊謂大師、小師專掌音樂之官，謂之師者，以其賢智而知音，可以教其屬也。小師即少師，而孔子獨與大師論樂者，豈大司樂之官惟天子得設，而列國止以大師為樂官之長耶？大師之職，掌六律六同以合陰陽之聲，又執同律以聽軍聲而詔吉凶。小師之職，

掌教鼓、鼗、柷、敔、塤、簫、管、絃、歌。〔註12〕凡喪祭薦饗，皆從大師而已。師冕不稱大小者，凡掌磬、鐘、笙、鎛、靯、籥之官，俱稱師也。

史

朱子曰：「史，官名。」

葉少蘊氏曰：「古者六書皆掌於史官。班固云：『古制，書必同文，不知必闕，問諸故老。至於衰世，是非無正，人用其私。故子曰：「吾猶及史之闕文也，今亡矣夫。」』雖略去『有馬借乘』之語，其傳必有自矣。」

元按：周制有太史、小史、內史、外史、御史之官。柯尚遷云：「太史，史官之長也。凡郡國計書及天文星曆皆藏於太史。觀晉之韓宣子適魯，見太史有《易象》與《魯春秋》，是知象數赴告之書皆在太史矣。」其內史掌書王命，又掌頒諸侯、卿大夫之策命。外史掌書外令，掌四方之志，掌三皇五帝之書，掌達書名於四方。則內史、外史之職至繁也，豈無闕文哉？孔子修《春秋》，凡有闕文者，因魯史之舊也，〔註13〕其亦存古道也夫。

祝

朱子曰：「祝，宗廟之官。」

元按：《周禮》春官有大祝、小祝、喪祝、甸祝、詛祝。其大祝掌六祝之辭，以事鬼神，一曰順祝，二曰年祝，三曰吉祝，四曰化祝，五曰瑞祝，六曰筴祝。鄭眾注云：「大祝，祝官之長也，以下大夫為之。」《左傳》謂祝鮀從衛侯以盟，其亦祝官之長而大夫之職與？

鞭士

鄭玄氏曰：「執鞭，賤職。」

朱子曰：「執鞭，賤者之事。」

元按：《周禮·秋官》：「條狼氏掌執鞭以趨辟。王出入，則八人夾道，公則六人，侯、伯則四人，子、男則二人。」注云：「趨辟，趨而辟除行人也。」又朝士掌外朝之法，帥其屬而以鞭呼趨且辟。注云：「趨朝辟行人，執鞭以威之也。」然朝士皆以中士為之，條狼氏皆以下士為之，故曰執鞭之士。

論語類考卷五

〔註12〕柷，歸雲別集本、湖海樓本作「祝」。
〔註13〕魯，湖海樓本、湖北叢書本、叢書集成初編本作「舊」。